Sabine Choinski
Gabriela Krümmel

9783834600042
W0110612

Filzen mit Grundschulkindern

Verlag an der Ruhr

Titel: Filzen mit Grundschulkindern

Autoren: Sabine Choinski, Gabriela Krümmel

Redaktion: Iris Zywicki

Fotos: Photodesign Marion Ott, Sabine Choinski, Gabriela Krümmel

Illustrationen: Eva Spanjardt, Gabriela Krümmel

Druck: Druckerei Uwe Nolte, Iserlohn

Verlag: **Verlag an der Ruhr**
Alexanderstraße 54, 45472 Mülheim an der Ruhr
Postfach 10 22 51, 45422 Mülheim an der Ruhr
Tel.: 0208/439 54 50 – Fax: 0208/439 54 39
E-Mail: info@verlagruhr.de
www.verlagruhr.de

© Verlag an der Ruhr 2005
ISBN 3-8346-0004-0

Hinweis: Die Anleitungen in dieser Mappe sind von den Autorinnen und vom Verlag sorgfältig geprüft worden. Eine Haftung des Verlages für Personen- und Sachschäden ist ausgeschlossen.

geeignet für die Klasse 1 2 3 4 5

Ein weiterer Beitrag zum Umweltschutz:

Das Papier, auf das dieser Titel gedruckt ist, hat ca. ***50% Altpapieranteil,*** *der Rest sind* ***chlorfrei*** *gebleichte Primärfasern.*

Die Schreibweise der Texte folgt der reformierten Rechtschreibung.

Alle Vervielfältigungsrechte außerhalb der durch die Gesetzgebung eng gesteckten Grenzen (z.B. für das Fotokopieren) liegen beim Verlag. Der Verlag untersagt ausdrücklich das Speichern und Zur-Verfügung-Stellen dieses Buches oder einzelner Teile davon im Intranet, Internet oder sonstigen elektronischen Medien. Kein Verleih.

Inhaltsverzeichnis

Vorwort

Seit einigen Jahren hat die alte Tradition des Filzens eine bemerkenswerte Erneuerung erfahren und ist nun auch in Kindertagesstätten und Schulen eingezogen. Es gibt eine Vielzahl von guten Filzbüchern, die meistens für die Hand der Erwachsenen geeignet sind.
Mit dieser Mappe liegt nun eine Sammlung von speziell für Kinder geeigneten Anleitungen zum Filzen vor. Die Grundtechniken werden auf kindgerechte Art vermittelt. Die Herstellung der Filzstücke wird Schritt für Schritt beschrieben. Alle Objekte sind von Kindern erprobt. Fotos der fertigen Werke regen die kindliche Fantasie an und machen Lust auf eigenes Ausprobieren.

Aufbau der Mappe

Im Anschluss an das Vorwort finden Sie **Filztipps für Lehrerinnen und Lehrer**. Diese beschreiben Tipps und Tricks für die Vorbereitung und das Filzen selber. Die Lehrerin oder der Lehrer sollte die Herstellung aller Filzstücke selbst ausprobiert haben, um bei möglichen Schwierigkeiten gezielt Hilfestellung geben zu können.

Im Theorieteil wird zunächst das **Filzen** erklärt. Neben der **Geschichte des Filzens** werden außerdem verschiedene **Wollqualitäten und Fachbegriffe** vorgestellt und erläutert. Die Kinder erfahren, wie man sich mit einfachen Mitteln einen **Arbeitsplatz** einrichtet, was man zum Filzen benötigt und wie es funktioniert. Außerdem gibt es eine Hilfestellung bei Problemen: **„Was muss ich tun, wenn ...?“**

Auf allen folgenden **Arbeitsanleitungen** finden die Schüler im Kästchen oben die für das jeweilige Filzstück benötigten Materialien.

Immer, wenn man besonders aufpassen muss oder sehr vorsichtig vorgehen soll, erinnert das kleine **Ampelschaf** daran:

Auf eine Festlegung der benötigten **Arbeitszeit** wurde bewusst verzichtet. Die Kinder sollten genug Zeit haben, um ihre Ideen verwirklichen zu können. Das Filzen in der Schule sollte jedoch mindestens für eine Doppelstunde geplant werden. Die Filzstücke können, auch wenn sie noch nicht fertig sind, jederzeit getrocknet werden, um dann in der nächsten Stunde weiter bearbeitet zu werden.

Auf den Ergebnisseiten können Sie und die Kinder sich aussuchen, welches Werkstück Sie anfertigen möchten.

Die Grundkurse

In den **Grundkursen** werden die **Grundtechniken** für die darauf folgenden Arbeitsanleitungen mit Fotobeispielen erläutert. Bei den folgenden Anleitungen steigert sich die Schwierigkeitsstufe der zu filzenden Objekte. Die **Tipps** geben Hilfen und regen zur weiteren Ausgestaltung an.

Anhang

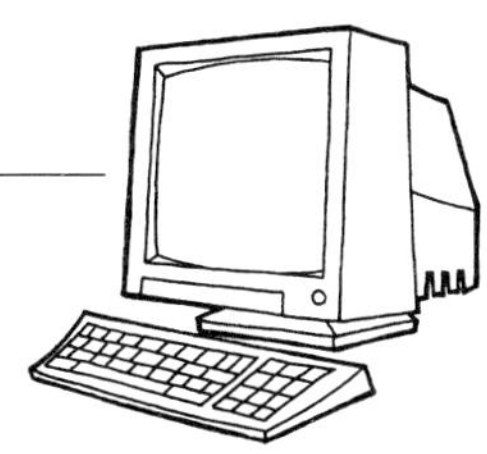

Im Anhang findet sich das **Kleine Filz-Lexikon**, in dem alle relevanten Begriffe genau erklärt werden. Die Schablonen finden Sie ebenfalls im Anhang.
In der **Literaturliste**, den **Internetadressen** und **Bezugsquellen** sind Angaben für empfehlenswerte Bücher, geeignetes Filzzubehör und Wolle zusammengestellt.

Filztipps für Lehrerinnen und Lehrer

Gestaltung des Arbeitsraums:

- In einem gefliesten Raum arbeiten, damit man verschüttetes Wasser besser aufwischen kann.
- Laminierte Arbeitsanweisungen und Fotostory des Grundkurses bereithalten, damit die Kinder während des Filzens noch einmal nachsehen können, wie es geht!
- Dasselbe empfiehlt sich für die Arbeitsblätter „Mein Filz-Arbeitsplatz“ und „Was muss ich tun, wenn …“.
- Laminierte Seiten der Werkstücke aufhängen – sie regen die Kinder an!
- Die Tische mit Plastikfolie abdecken.
- Unter die Filzschüsseln und vor jedes Kind ein altes Handtuch legen.
- Weitere Handtücher bereithalten, damit sich die Kinder die Hände abtrocknen können.
- Schüsseln für etwa 2,5–3 Liter mit weiter Öffnung verwenden – mehrere Schüler teilen sich eine Schüssel.
- Jeder Schüler sollte ein kleines Tablett oder eine Ablagemöglichkeit für sein Werkstück erhalten, um Verwechslungen zu vermeiden.

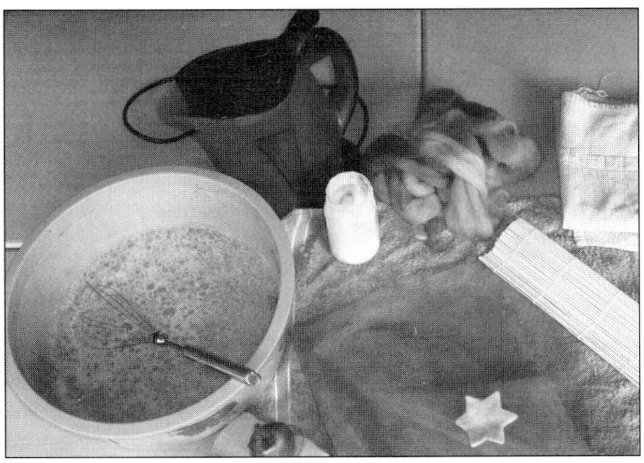

Vorbereitungen:

- Die Filzanregungen unbedingt vorher selbst ausprobieren und einige Musterstücke anfertigen.
- Mindestens eine Doppelstunde oder einen Schulvormittag einplanen. Das Filzen sollte allen Spaß machen und das Herrichten und Aufräumen braucht viel Zeit.
- Die Regeln beim Filzen genau besprechen (keine Wasserschlacht!). Es ist von Vorteil, beim Filzen in der Klasse Helfer zu haben!
- Zum Transport der Klassenwerke eignen sich sehr gut große Eierpappen. Namensaufkleber für die Werkstücke vorbereiten, damit es hinterher keinen Streit gibt.

Filzen:

- Den Filzvorgang vor den Kindern zeigen und kommentieren.
- Den Kindern genau zeigen, wie die Wolle behandelt werden muss (trockene Finger – nicht schneiden, nur zupfen …)
- Vor dem Auffilzen mit der teureren farbigen Wolle müssen die Hände der Kinder unbedingt ganz trocken sein.
- Falls die Zeit nicht reicht: Man kann angefangene Filzarbeiten ruhig trocknen lassen und startet den Filzvorgang später wieder neu.
- Die fertigen Werkstücke sollten unter klarem Wasser ausgespült werden und lassen sich gut auf der Heizung trocknen.

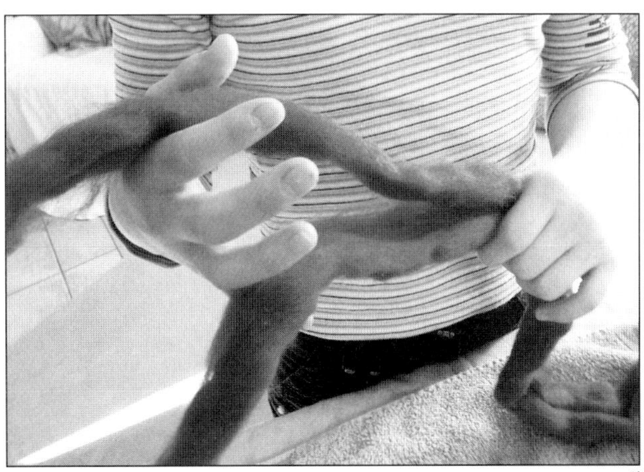

Filztipps für Lehrerinnen und Lehrer

Fehlerquellen:

- Bei kleinen „Ritzen" in den Werkstücken ein wenig Wolle quer darüber legen und anfilzen.
- Falls es nicht mehr gut filzt, ist entweder das Wasser nicht warm genug oder nicht genug Seife in der Lauge.
- Schäumt es zu stark, ist zu viel Seife verwendet worden.
- Darauf achten, dass die Filzarbeiten immer gut feucht, aber nicht zu nass sind. Evtl. die Werkstücke der Kinder über der Schüssel etwas ausdrücken.
- Manchmal hilft ein wenig „Wollkleber" (Schmierseife pur auf einem Finger), um das Filzen wieder zu verstärken.
- Beim Nadelfilzen darauf achten, dass der Körper schön fest gefilzt ist und erst dann weitere Teile auffilzen. Sonst verändert sich die mühsam ernadelte Form schnell wieder.

Nach dem Filzen:

- Nach dem Filzen sollten sich die Kinder die Hände gut waschen und sie eincremen, denn das Seifenwasser trocknet die Haut aus.
- Hautempfindliche Kinder können dünne chirurgische Handschuhe anziehen; so behalten sie das Gefühl für die Wolle.
- Die Fertigstellung der Werkstücke (z.B. Besticken und Aufhänger annähen) nicht im nassen Zustand vornehmen. Besser ist es, dafür alles vorbereitet zu haben:
- Perlen in kleinen Behältern reichen.
- Die Nadeln sollten auf kleine Schwämme gesteckt werden, reißfestes Garn schon in der richtigen Länge geschnitten sein.

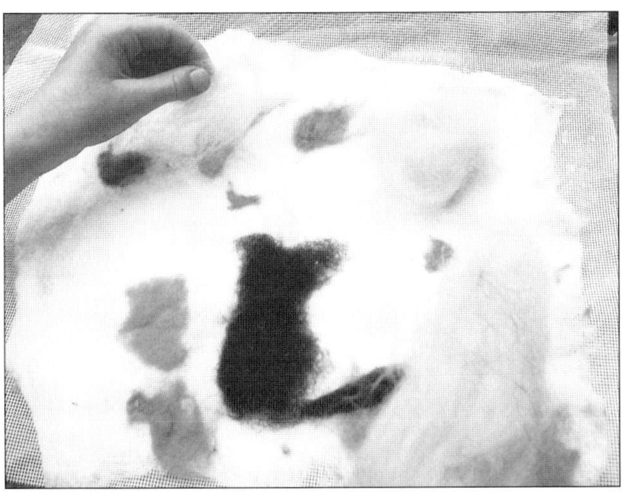

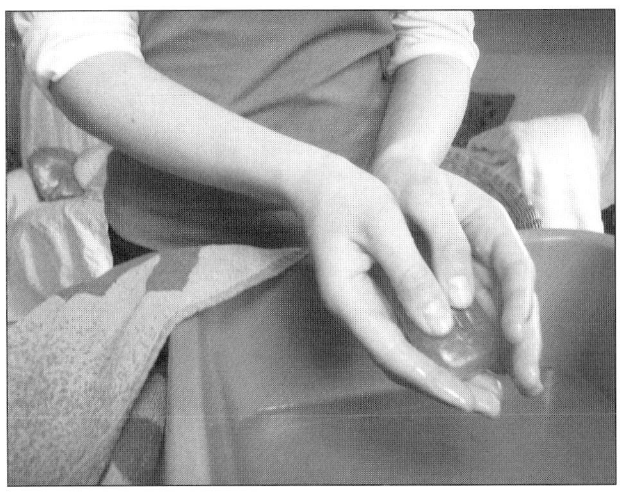

Filzen – was ist das?

Was bedeutet Filzen?

Beim Filzen verwandelst du Wolle mit Hilfe von warmem Seifenwasser und deinen Händen in Filz – einen festen Stoff. Dabei musst du reiben, drücken und rollen.

Das Wort „Filz“ kommt aus dem Mittelhochdeutschen und bedeutet „gestampfte Masse“. Im Englischen heißt filzen „felting“ (felt = Filz).

Warum filzt Wolle?

Damit du verstehst, was beim Filzen passiert, schaust du dir zuerst eine einzelne Wollfaser an:

Sie ist gekräuselt, hat winzige Schuppen und ist von einer Außenhaut umgeben. Verfilzen bedeutet, dass sich die einzelnen Wollfasern durch ihre Schuppen ineinander verwickeln und aneinander „festhalten“.

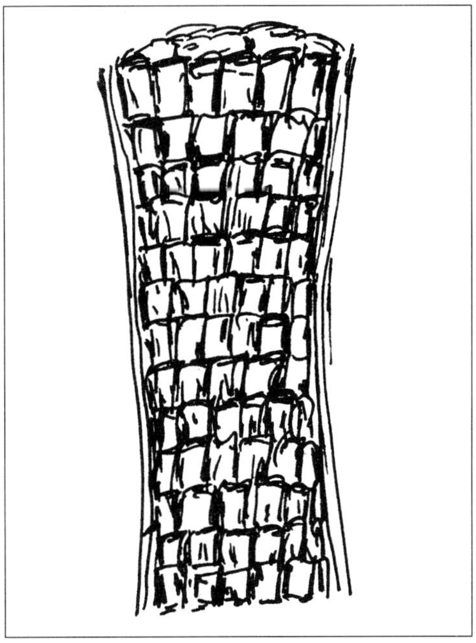

Dieses „Verhaken“ der Wolle geht am besten, wenn es in einer warmen **Seifenlauge** passiert und du dein Filzstück genug durch Drücken, Reiben und Rollen bearbeitest. Mit der Zeit wird deine Filzarbeit so immer fester – die einzelnen Wollfasern verbinden sich zu einer Kugel oder einem „Stoff“ miteinander.

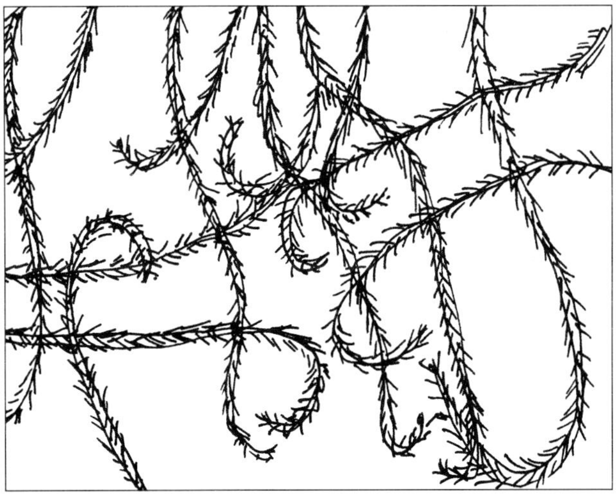

Schafe und Wollqualität

Zum Filzen eignet sich besonders Wolle, bei der die Wollfasern in sich gut gekräuselt sind.

© Verlag an der Ruhr • Postfach 10 22 51 • 45422 Mülheim an der Ruhr • www.verlagruhr.de • ISBN 3-8346-0004-0

Filzen und Walken

Ganz genau musst du beim Filzen eigentlich **zwei Arbeitsschritte** unterscheiden: das Filzen und das Walken.

Als **Filzen** bezeichnet man den Prozess, die Wolle in einer Seifenlauge durch Drücken, Reiben und Rollen in ihrer Form zu verfestigen.

Du kannst auch ohne Filzlauge nur **trocken filzen**. Das geht mit besonderen **Filznadeln**, die kleine Widerhaken haben und damit die Wollfasern verfestigen.

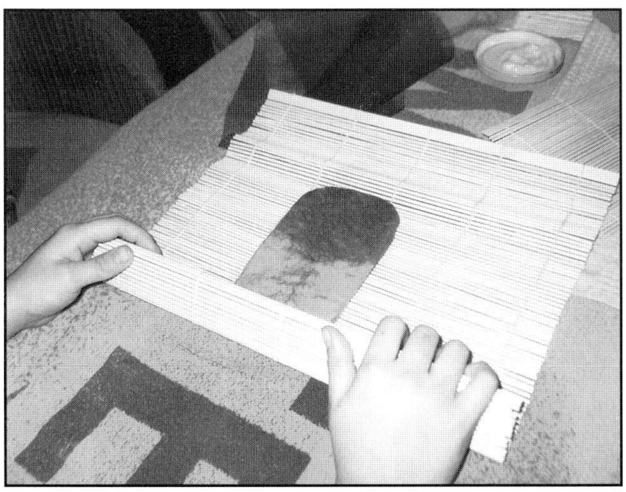

Das **Walken** ist die letzte Stufe des Filzens. Hier wird das Filzstück zum Beispiel durch Rollen in einer Bambusmatte zum weiteren Einlaufen oder Schrumpfen gebracht. Das Filzstück wird dadurch gleichmäßig kleiner und fester.

© Verlag an der Ruhr • Postfach 10 22 51 • 45422 Mülheim an der Ruhr • www.verlagruhr.de • ISBN 3-8346-0004-0

Die Geschichte des Filzens

Wer hat das Filzen erfunden?

Die Legende des Filzens geht bis auf die Arche Noah zurück. Dort verloren die beiden Schafe etwas von ihrer dicken Wolle. Alle Tier-Paare, die auf Noahs Arche kamen, trampelten auf dieser Wolle herum und machten sogar ihr kleines Geschäft darauf, bis sich die Schafwolle zu einem geschlossenen Filzteppich veränderte: Das erste Filzstück war entstanden!

Forscher glauben, dass das Filzen in Asien entstanden ist. Auch heute noch findet man diese alte Technik zum Beispiel in der Türkei, wo aus Schafwolle viele nützliche Gegenstände, wie zum Beispiel Hüte und Hausschuhe, gefilzt werden. Aber auch im hohen Norden, zum Beispiel in Schweden, Norwegen und Finnland, kennt man das Filzhandwerk, um Wollschuhe und viele andere Dinge daraus herzustellen.

Jurten – gefilzte Zelte

In der fernen Mongolei kannst du heute noch gefilzte Zelte sehen. Das sind die Zelte der Nomaden. Sie bestehen aus einem Holzgerüst, über das man viele passende Filzdecken legt. Solche Jurten können bis zu 2,50 m hoch sein und sind in ungefähr zwei Stunden aufgebaut. Viele Menschen finden Platz in so einer Jurte.

Innen legen die Leute Filzteppiche aus, damit die Kälte von unten abgehalten wird. Die Herstellung von Jurten und Teppichen ist eine große Kunst. Oft werden schöne Muster in die Filzstücke eingearbeitet oder nach dem Walken aufgestickt – alles in tage- und wochenlanger Handarbeit und nach genau festgelegten Mustern!

© Verlag an der Ruhr • Postfach 10 22 51 • 45422 Mülheim an der Ruhr • www.verlagruhr.de • ISBN 3-8346-0004-0

Schafe – unsere Wollspender

Das Schaf ist eines der ältesten Haustiere des Menschen. Bereits vor über 10.000 Jahren hielt man Schafe wegen ihrer Milch, der Wolle und des Fleisches.
Die Vorfahren unserer heutigen Schafe sind die Mufflons (Wildschafe). Man schätzt, dass mehr als eine Milliarde Schafe auf der Erde leben. Die meisten Schafe gibt es in Australien, nämlich ungefähr 140 Millionen.

Schaf-Rassen

Nach Schätzungen gibt es mindestens 300 verschiedene Schafrassen. Es gibt Schafe mit Hörnern und ohne. Schafe unterscheiden sich auch in ihrer Farbe und besonders in der Qualität der Wolle.

Besonders feine weiche Wolle haben die Merinoschafe. Die Wolle ist stark gekräuselt und weiß. Sie lässt sich gut einfärben. Mit Merinowolle kannst du ganz feine, weiche Dinge filzen.

Merinoschaf

Die Wolle der Landschafe ist meistens gröber und etwas schwerer zu filzen. Die einzelnen Wollfasern sind weniger gekräuselt und lang. Mit dieser Wolle wird auch gerne gestrickt.

Die gröbste Wolle kommt von den Heidschnucken. Diese Wolle wird oft bei Teppichen verarbeitet, denn die Wollfasern sind sehr lang und nicht gekräuselt. Zum Filzen eignet sie sich nicht gut.

Heidschnucke

Es gibt natürlich noch viel mehr Rassen mit toller Wolle!

Landschaf

© Verlag an der Ruhr • Postfach 10 22 51 • 45422 Mülheim an der Ruhr • www.verlagruhr.de • ISBN 3-8346-0004-0

Filzen, Wolle & Co.

Vorbereitung der Wolle

Um mit der Wolle zu filzen, muss sie vorher gewaschen und kardiert (= gekämmt) werden.

Die **Rohwolle**, die frisch vom Schaf kommt, fühlt sich fettig an und glänzt. Sie riecht ganz stark nach Schaf. Rohwolle wäschst du am besten in kaltem Wasser mit ganz wenig Waschmittel.

Die **gereinigte Wolle** glänzt und riecht schon etwas weniger und enthält nicht mehr so viel Fett.
Die Wolle, die du in Geschäften kaufen kannst, ist gewaschen und gefärbt.

Färben kannst du auch selbst, zum Beispiel mit Pflanzenfarben. Zum Filzen kauft man aber meistens Wolle, die mit chemischen Farben gefärbt wurde. Weil sie so schön leuchtet, nennen viele Kinder sie auch **Schmuckwolle**.

Welche Wolle filzt gut?

Hier eignen sich zwei Arten von Wolle: **Bandwolle** und **Vlieswolle**.

Wenn du die Wolle kämmst, sortierst du die Wollfasern in eine Richtung. Sie liegen dann in einem **Band** zusammen.
Diese Wolle, die auch **Schmuckwolle** oder **Kardenbandwolle** genannt wird, ist in der Wollfaser recht lang. Sie heißt **Bandwolle**, weil sie durch das Kämmen zu einem Wollband aufgerollt wird.

Mit dieser Wolle kannst du am besten filzen. Die langen Wollfasern verhaken sich gut miteinander, wenn man sie fleißig drückt und rollt. Durch die schönen Farben kannst du interessante Muster auf deine Bilder und Filzstücke zaubern. Bandwolle glänzt seidig.

Es gibt auch Wollfasern, die ganz kurz sind. Diese Wolle wird als **Vlieswolle** verkauft. Sie eignet sich gut zum Filzen von „Grundbällen“ oder als Hintergrund für Bilder. Sie filzt sehr leicht und schnell und ist preiswerter als die Bandwolle.

© Verlag an der Ruhr • Postfach 10 22 51 • 45422 Mülheim an der Ruhr • www.verlagruhr.de • ISBN 3-8346-0004-0

Vorsichtig arbeiten!

Manchmal musst du beim Arbeiten mit Wolle sehr vorsichtig vorgehen, damit sie sich nach dem Auslegen nicht wieder verschiebt. Dabei hilft dir ein Fliegengitter, das über die Wolle gelegt wird.

Wenn du bei deiner Arbeit besonders aufpassen musst, findest du das Ampelschäfchen. Es erinnert dich daran, behutsam vorzugehen und noch mal im Grundkurs nachzusehen, was dort geschrieben steht.

Wo gibt es die Wolle zu kaufen?

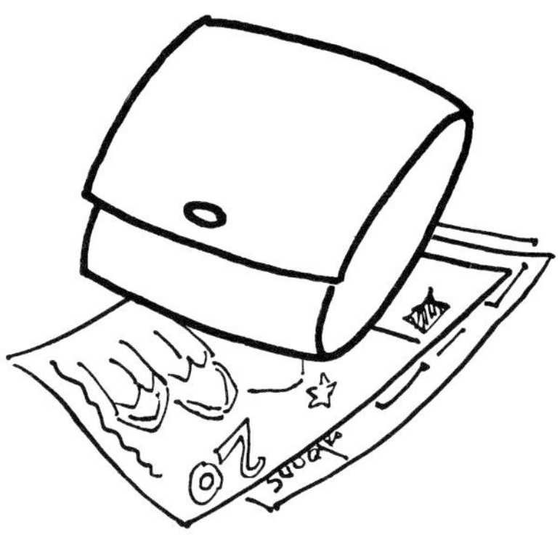

Inzwischen gibt es Filzwolle schon in vielen Handarbeitsgeschäften zu kaufen. Frag einmal nach! Im Anhang stehen die Adressen größerer Woll-Lieferanten, bei denen deine Lehrerin Wolle bestellen kann. Meistens dauert das eine Woche.

Tolle Farben selbst mischen!

Das geht ganz prima mit Wollkämmen, den so genannten Karden: Du legst wenig Schmuckwolle verschiedener Farben auf eine Karde und ziehst mit der anderen in die entgegengesetzte Richtung bis sich die Farben vermischt haben. Filzt du mit dieser Wolle, ergeben sich besonders schöne Farbtöne.

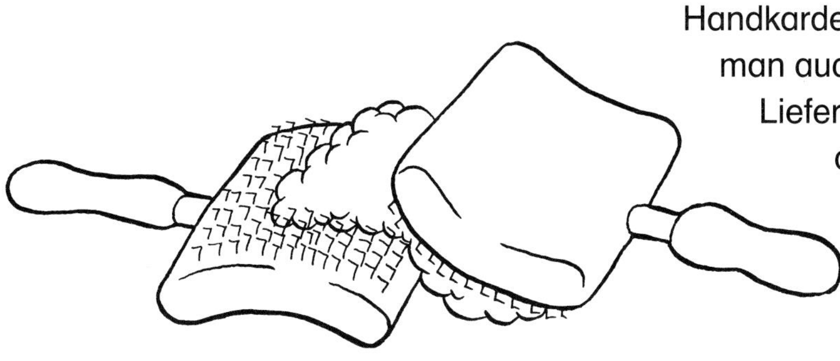

Handkarden und Kardiermaschinen kann man auch bei den größeren Woll-Lieferanten bestellen. Vielleicht kann deine Lehrerin einen Katalog und eine Farbkarte für die Wolle und das Zubehör anfordern.

© Verlag an der Ruhr • Postfach 10 22 51 • 45422 Mülheim an der Ruhr • www.verlagruhr.de • ISBN 3-8346-0004-0

Wie wird Wolle aufbewahrt?

Wolle sollte locker in geschlossenen Behältern aufbewahrt werden und mit einem **Mottenschutz**, zum Beispiel einem Säckchen mit Lavendelblüten, versehen werden.

Du solltest nie ungewaschene Rohwolle mit gereinigter Wolle zusammen aufbewahren. Auch nach Monaten kann sich darin noch Ungeziefer entwickeln und deine Wolle zerstören. Du erkennst das, wenn zum Beispiel Motten aus deiner Wolle auffliegen oder kleine weiße Spinnweben auf der Wolle liegen. Diese Wolle kannst du dann nicht mehr verarbeiten!

© Verlag an der Ruhr • Postfach 10 22 51 • 45422 Mülheim an der Ruhr • www.verlagruhr.de • ISBN 3-8346-0004-0

Die Wolle wird ja immer kleiner!

Beim Filzen und besonders beim Walken läuft die Wolle ein. Viele Kinder sagen: Die Wolle schrumpft. Wenn du eine Schablone anfertigst, musst du ungefähr 2 cm Schrumpfungszugabe zugeben, also die Schablone nach allen Seiten hin etwas vergrößern. Die Schablonen, die du im Anhang findest, zum Beispiel für den Eierwärmer, sind schon mit der Schrumpfungszugabe vorbereitet!

Achtung: Beim Walken immer wieder aufpassen und nachsehen, ob dein Filzstück nicht zu sehr einläuft und dann zu klein wird!

Mein Filz-Arbeitsplatz

Das brauchst du:

- zwei alte Handtücher zum Unterlegen
- eine flache, weite Schüssel für etwa drei Liter Wasser
- einen Esslöffel
- Schmierseife in fester Form
- Wasserkocher mit warmem Wasser (ca. 40°C)
- einen Schneebesen
- einen Marmeladendeckel für den „Filzkleber“
- einen Wäschesprenger für das Flächenfilzen
- ein Handtuch zum Abtrocknen der Hände

Für das Nadelfilzen:

- Nadel
- Schaumstoff und Holzbrett als Unterlage

So richtest du dich ein:

- Lege zuerst ein dickes Handtuch in die Mitte des Tisches.
- Stelle eine Schüssel so darauf, dass mehrere Kinder ihre Wolle darin eintauchen können.

So machst du die Filzlauge:

- Dafür musst du ungefähr 1 Esslöffel Schmierseife und 1 Liter warmes Wasser mit einem Schneebesen gut verrühren. Schäumt die Lauge zu stark, hast du zu viel Seife benutzt.
- Wichtig ist, dass du während des Filzens immer wieder warmes Wasser nachgießt, damit es gut filzt. Nach einigem Nachgießen musst du natürlich auch wieder etwas Seife zugeben.

© Verlag an der Ruhr • Postfach 10 22 51 • 45422 Mülheim an der Ruhr • www.verlagruhr.de • ISBN 3-8346-0004-0

Das Filzen – So geht es

Das brauchst du:

- deine Filzausrüstung
- Wolle

So geht es:

Du musst die Wolle vorsichtig in die Seifenlauge eintauchen und über der Schüssel ausdrücken (Kugel- und Bänderfilzen) oder sie mit der Seifenlauge übergießen (Flächen- und Rundumfilzen).

Dann reibst und drückst du die Wolle, damit sich die Fasern verhaken und der Filz entsteht.

Ab und zu musst du prüfen, ob die Seifenlauge noch warm genug ist und wenn nicht, ein wenig warmes Wasser nachgießen. Wenn es nicht mehr gut filzt, musst du etwas Seife nachgeben.

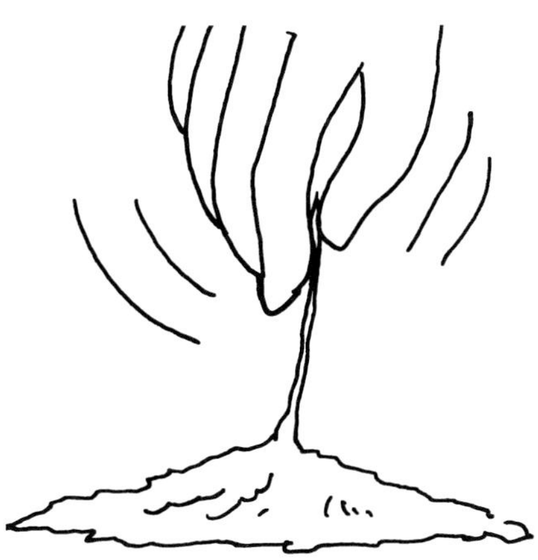

Die Filzprobe

Beim Flächen- oder Rundumfilzen weißt du oft nicht, ob du schon genug gefilzt hast. Dazu gibt es die so genannte Filzprobe: Du versuchst einige Wollfasern deines Filzstückes mit Daumen und Zeigefinger hoch zu nehmen. Geht das leicht, hast du noch nicht ausreichend gefilzt.

© Verlag an der Ruhr • Postfach 10 22 51 • 45422 Mülheim an der Ruhr • www.verlagruhr.de • ISBN 3-8346-0004-0

Reparieren von Fehlern

Was muss ich tun, wenn ...

... die Wolle nicht mehr richtig filzt?

↳ Mehr heißes Wasser und/oder Seife zur Filzlauge geben.

... die Lauge zu stark schäumt?

↳ Mit heißem Wasser verdünnen.

... beim Anfilzen Fasern an den Fingern hängen bleiben?

↳ Mehr Seife zur Lauge geben.

... beim Kugelfilzen Risse entstehen?

↳ Eine weitere Lage Wolle darüber legen und vorsichtig anfilzen.

... eine Stelle nicht festfilzen will?

↳ Etwas Schmierseife pur („Wollkleber“) auf die Stelle geben und nochmals kräftig filzen und walken.

... ein Filzstück dünne Stellen oder Löcher aufweist?

↳ Zusätzlich Wolle mit der Filznadel auffilzen und noch mal walken.

© Verlag an der Ruhr • Postfach 10 22 51 • 45422 Mülheim an der Ruhr • www.verlagruhr.de • ISBN 3-8346-0004-0

S. 23

S. 24

S. 26

S. 27

S. 28

S. 33

S. 34

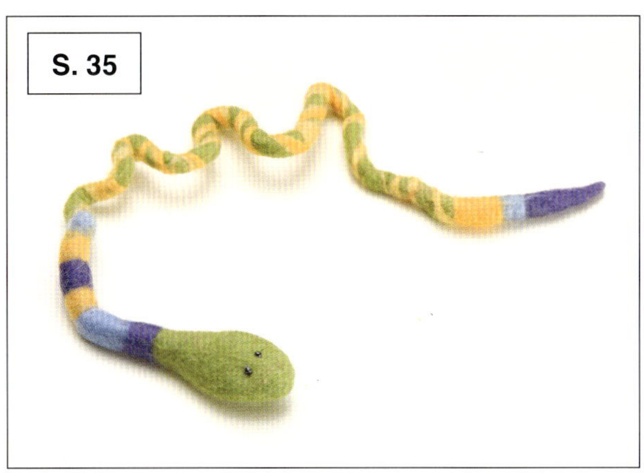
S. 35

© Verlag an der Ruhr • Postfach 10 22 51 • 45422 Mülheim an der Ruhr • www.verlagruhr.de • ISBN 3-8346-0004-0

S. 39

S. 41

S. 44

S. 45

S. 49

S. 50

S. 51

S. 53

S. 25

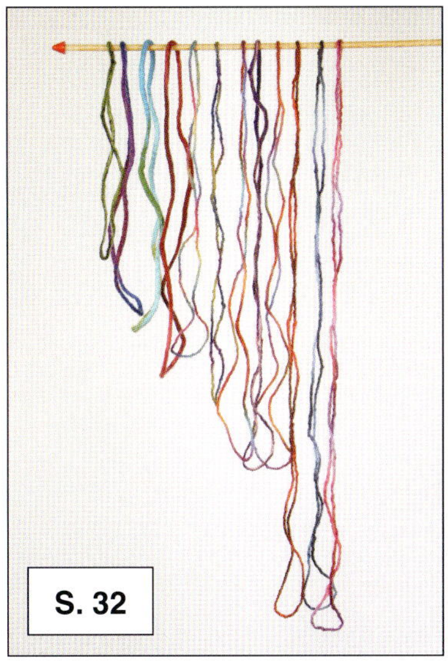
S. 32

S. 40

S. 42

S. 43

S. 52

S. 57

S. 58

S. 59

S. 60

Grundkurs Kugelfilzen

Kleine und größere Kugeln oder Perlen lassen sich sehr leicht aus Resten von Vlies- oder Schmuckwolle herstellen. Beim Kugelfilzen bekommt ihr bestimmt viele Ideen.

Mit Perlen bestickt ergeben die Wollkugeln hübsche Dekorationen. Du brauchst dazu die bekannte Filzausrüstung (siehe unter: Mein Filz-Arbeitsplatz S. 14).

So geht es:

1. Für eine Kugel so viel helle Grundwolle nehmen, dass sie sich gut zwischen den Händen bewegen lässt. Forme in den Händen eine Wollkugel vor.
   Für Perlen (Seite 24) brauchst du nur wenig Wolle um einen Finger zu wickeln.

2. Tauche die Wolle in das warme Seifenwasser ein und drücke sie leicht über der Schüssel aus. Rolle die nasse Wolle wie einen Schneeball in den Händen. Du musst dabei ein bisschen drücken, damit die Wollhaare sich besser verhaken können.

3. Wenn deine Kugel zu trocken wird, musst du sie immer wieder eintauchen, ausdrücken und rollen. Du brauchst dabei etwas Geduld! Zwischendurch kannst du die Kugel auch auf deinem Handtuch rollen – dann geht es etwas schneller!

Ritzen im Grundball?
Siehe nach unter „Was muss ich tun, wenn …?“ – Reparieren von Fehlern!

© Verlag an der Ruhr • Postfach 10 22 51 • 45422 Mülheim an der Ruhr • www.verlagruhr.de • ISBN 3-8346-0004-0

Grundkurs Kugelfilzen

4. Nun kannst du bunte Wolle zum Verschönern deiner einfarbigen Kugel nehmen. Das nennt man Auffilzen: Lege mit trockenen Fingern dünne „Wolken" der bunten Schmuckwolle über deine Kugel. Streiche alle Wollhaare vor dem Filzen auf der Kugel gut fest.

5. Jetzt tauchst du deine Kugel wieder in die Filzlauge ein wie bei Schritt 2 und filzt die aufgelegten Wollfasern fest.

Achtung: Benutze jedes Mal nur sehr wenig bunte Wolle und filze sie fest auf die Kugel bevor du die nächste dünne Schicht farbiger Wolle auflegst.

6. Wenn deine Kugel schön bunt ist und man die weiße Wolle vom Anfang nicht mehr durchschimmern sieht, bist du fertig.

Du kannst deine Kugel noch verschönern, indem du Perlen aufstickst oder mehrere Kugeln zu einem Tier aneinander nähst (siehe Seite 23–28).

© Verlag an der Ruhr • Postfach 10 22 51 • 45422 Mülheim an der Ruhr • www.verlagruhr.de • ISBN 3-8346-0004-0

Fotostory Kugelfilzen

1. Wolkkugeln vorformen

2. Eintauchen und filzen

3. Filzen auf dem Handtuch

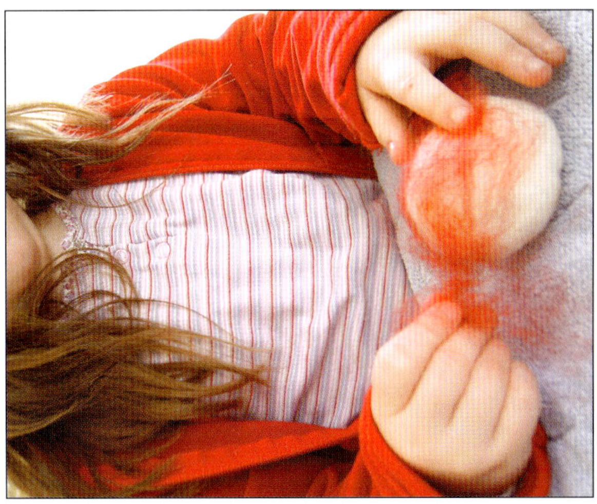

4. Wolle auflegen

5. Auffilzen

6. Kugel verzieren

© Verlag an der Ruhr • Postfach 10 22 51 • 45422 Mülheim an der Ruhr • www.verlagruhr.de • ISBN 3-8346-0004-0

Schöner Märchenball
– ganz einfach!

Das brauchst du:

- Filzausrüstung
- weiße Grundwolle
- bunte Schmuckwolle in leuchtenden Farben
- etwas dunkelblaue oder violette Schmuckwolle
- kleine Perlen zum Besticken
- Sticknadel und Stickgarn

So geht es:

1. Filze aus der weißen Wolle eine Kugel nach dem Grundkurs Kugelfilzen.

2. Ist die Kugel fest geworden, kannst du bunte Wolle zum Verschönern nehmen (Grundkurs Kugelfilzen – Auffilzen). Filze diese Schmuckwolle so oft auf, bis die Kugel schön leuchtet. Benutze helle, leuchtende Farben für deinen Märchenball. Es sieht fein aus, wenn du am Ende noch etwas dunkelblaue oder violette Schmuckwolle hauchdünn wie ein kleines Netz überfilzt.

So wird dein Märchenball fertig:

3. Nachdem dein Märchenball getrocknet ist, kannst du ganz kleine Perlen aufsticken. Das sieht sehr hübsch aus und macht deinen Ball zu etwas ganz Besonderem.

Tipps:
- Vor dem Aufsticken den Märchenball auf der Heizung trocknen lassen – dann kannst du ihn leichter besticken!
- Drei gleich große Bälle sind prima Jonglierbälle!

© Verlag an der Ruhr • Postfach 10 22 51 • 45422 Mülheim an der Ruhr • www.verlagruhr.de • ISBN 3-8346-0004-0

Klitzekleine Perlen
– ein toller Schmuck

Das brauchst du:

- Filzausrüstung
- Schmuckwolle
- kleine Perlen zum Besticken
- Sticknadel und Stickgarn oder Draht

So geht es:

1. Für die Perlen suchst du dir Wolle in unterschiedlichen Farben aus und zupfst dir jeweils die gleiche Menge ab. Die Perlen haben die richtige Größe, wenn du wenig Bandwolle dreimal fest um deinen Zeigefinger legst.

2. Filze die Perlen nun nach dem Grundkurs Kugelfilzen.

So kannst du deine Perlen verschönern:

3. Mit einem farblich passenden Stickgarn nimmst du mit der Nadel kleine Glasperlen auf und bestickst deine Wollperlen. Oder: Mit einer langen dünnen Sticknadel ziehst du sie auf Garn auf. Ein Knoten vor und hinter jeder Perle verhindert das Verschieben auf dem Faden. Du kannst auch feinen Silberdraht dafür verwenden.

© Verlag an der Ruhr • Postfach 10 22 51 • 45422 Mülheim an der Ruhr • www.verlagruhr.de • ISBN 3-8346-0004-0

Äpfel
– Obst aus Wolle

Das brauchst du:

- Filzausrüstung
- weiße Grundwolle
- Schmuckwolle in Apfel-Farben (rot, orange, gelb)
- reißfestes grünes Stickgarn und eine lange Sticknadel
- Schablone (Anhang) und grünen Filz für das Blatt

So geht es:

1. Forme eine Wollkugel nach dem Grundkurs Kugelfilzen.

2. Ist die Kugel fest genug, kannst du die farbige Schmuckwolle dünn Schicht für Schicht auffilzen, bis dein Wollapfel schön leuchtet.

So wird dein Äpfelchen fertig:

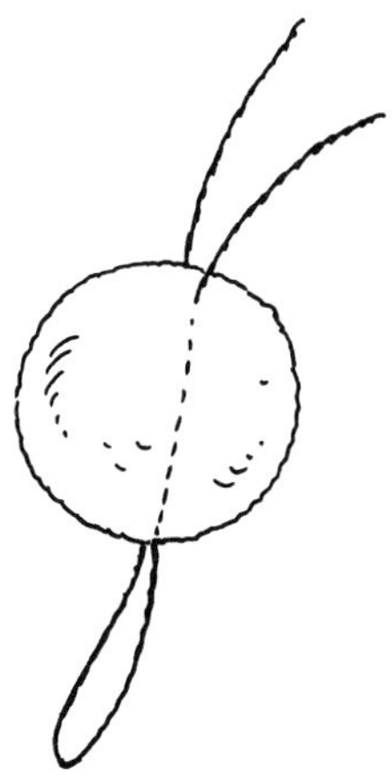

3. Du brauchst grünes Stickgarn (ca. 30 cm) in einer Nadel. Von oben stichst du genau durch die Mitte des Apfels nach unten durch. Den Anfangsfaden lässt du oben zum Verknoten hängen. An der Unterseite des Apfels stichst du ein kleines Stück weiter wieder ein und ziehst die Nadel nach oben zurück.

4. Für mehr Festigkeit gehst du mit der Nadel noch einmal den gleichen Weg und wieder zurück. Dabei ziehst du vorsichtig, damit die Apfelform entsteht. Lass dir helfen, falls es für dich zu schwierig ist!

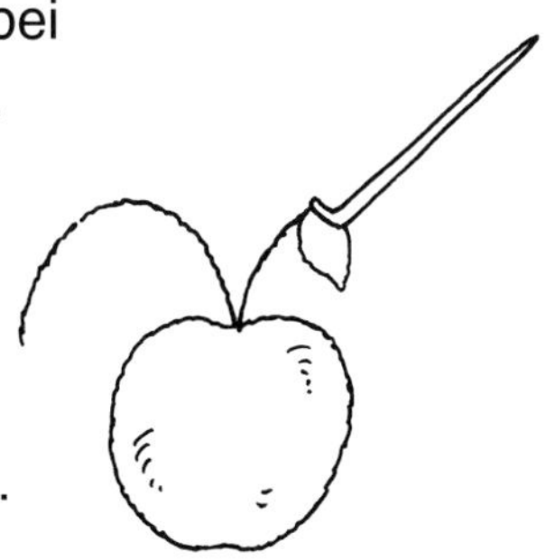

5. Beide Fäden hängen jetzt oben heraus. Mit der Nadel stichst du durch ein vorbereitetes grünes Filzblatt und verknotest die beiden Fäden.

© Verlag an der Ruhr • Postfach 10 22 51 • 45422 Mülheim an der Ruhr • www.verlagruhr.de • ISBN 3-8346-0004-0

Kürbis
- nicht nur zu Halloween

Das brauchst du:

- Filzausrüstung
- Grundwolle
- orangefarbene Schmuckwolle
- reißfestes grünes Stickgarn in der Sticknadel
- einen gefilzten Kürbisstiel

So geht es:

1. Filze eine Wollkugel nach dem Grundkurs Kugelfilzen. Filze die orangefarbene Schmuckwolle dünn Schicht für Schicht auf, bis deine Kugel ganz orange geworden ist. Lasse den Kürbis trocknen.

So wird dein Kürbis fertig:

2. Du brauchst grünes Stickgarn (ca. 50 cm) in einer Nadel. Von oben stichst du genau durch die Mitte des Kürbisses nach unten durch. Den Anfangsfaden lässt du oben zum Verknoten hängen. An der Unterseite stichst du ein kleines Stück weiter ein und ziehst die Nadel wieder nach oben durch.

3. Jetzt legst du das Stickgarn halb um den Kürbis herum und stichst wieder von unten nach oben durch. Das musst du in gleichmäßigem Abstand wiederholen. Es sieht aus, als hättest du mehrere „Tortenstückchen" wie auf dem Bild. Dadurch bekommt der Kürbis seine typische Form. Bei jedem Mal musst du etwas ziehen, damit das Stickgarn den Kürbis ein bisschen einschneidet. Lasse dir helfen, falls es für dich zu schwierig ist!

4. Zum Schluss hängen beide Fäden oben heraus. Mit der Nadel stichst du durch den vorbereiteten Kürbisstiel und verknotest die beiden Fäden.

Tipp:
Einen schönen Kürbisstiel machst du ganz leicht: Rolle ein wenig grüne Schmuckwolle zu einer Wurst und filze sie fest.

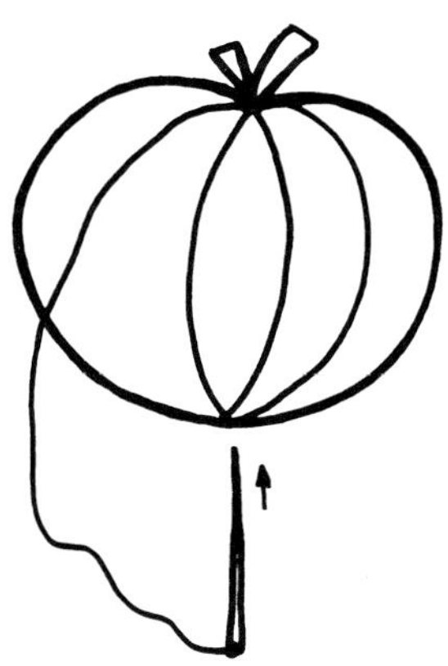

© Verlag an der Ruhr • Postfach 10 22 51 • 45422 Mülheim an der Ruhr • www.verlagruhr.de • ISBN 3-8346-0004-0

Ostereier

- mal nicht aus Schokolade

Das brauchst du:

- Filzausrüstung
- Grundwolle
- bunte Schmuckwolle
- Sticknadel und Stickgarn für den Aufhänger

So geht es:

1. Forme eine Wollkugel nach dem Grundkurs Kugelfilzen.
2. Rolle nun deine Kugel zwischen den Händen nicht im Kreis, sondern nur hin und her, sodass die längliche Eiform entsteht.
3. Zum Auffilzen legst du die bunte Wolle wiederholt dünn auf und filzt sie fest. Lasse dein Woll-Osterei trocknen.
4. Zum Schluss nähst du einen farblich passenden Aufhänger an deinem Osterei fest.

Tipp:
Benutze helle Farben, zum Beispiel gelb, orange und rot. Wenig dunkelblaue Wolle hauchdünn darüber filzen – das gibt tolle Effekte!

© Verlag an der Ruhr • Postfach 10 22 51 • 45422 Mülheim an der Ruhr • www.verlagruhr.de • ISBN 3-8346-0004-0

Piep, die kleine Maus

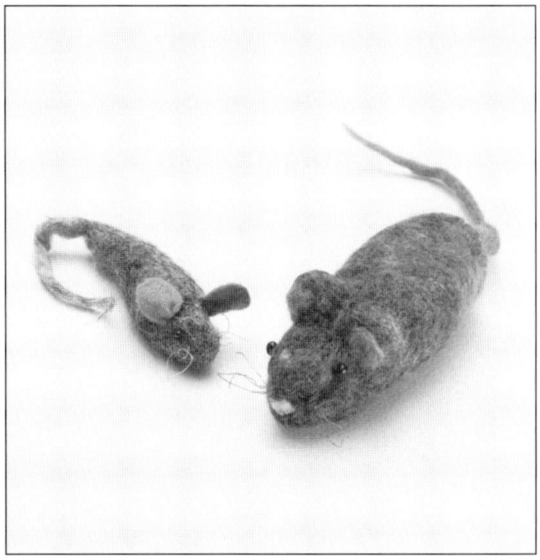

Das brauchst du:

- Filzausrüstung
- weiße, graue oder braune Vlieswolle
- rosa Plattenfilz für die Ohren
- Schablone für die Ohren (Anhang)
- Perlen für die Augen
- Nähgarn und Nadel
- schwarzen Zwirn

So geht es:

1. Lege einen ca. 12 cm langen Wollstrang aus Vlieswolle so zusammen, dass man die Mäuseform schon erkennen kann. Versuche gleich, den Mäuseschwanz zwischen zwei Fingern herauszudrehen und tauche alles in die heiße Seifenlauge.

2. Gehe dabei nach dem Grundkurs Kugelfilzen vor. Forme deine Maus aber vorsichtig so in den Händen, dass sie eine längliche Form annimmt und fester wird.

3. Falls es an einer Stelle nicht gut filzt, kannst du ein wenig Vlieswolle darüber legen, die Stelle mit dem Wollkleber behandeln und wieder im Seifenwasser festfilzen.

Piep-Piep – So wird deine Maus „lebendig“:

4. Schneide zwei Mäuseohren aus rosa Filzplatten aus und nähe sie am Kopf fest. Zwei kleine schwarze Perlen sind die Augen.

> **Tipp:**
> Als Barthaare kannst du einige Zwirnfäden einziehen – das sieht sehr echt aus!

© Verlag an der Ruhr • Postfach 10 22 51 • 45422 Mülheim an der Ruhr • www.verlagruhr.de • ISBN 3-8346-0004-0

Grundkurs Bänderfilzen

Bänder oder Schnüre kann man in verschiedener Länge und Breite aus Bandwolle herstellen. Wenn die Wolle gut vorbereitet und ineinander gelegt ist, ist das Bänderfilzen sehr leicht und schnell durchzuführen. Neben der bekannten Filzausrüstung braucht man eine Bambusmatte. Am besten eignet sich geteilte Bandwolle in der gewünschten Länge.

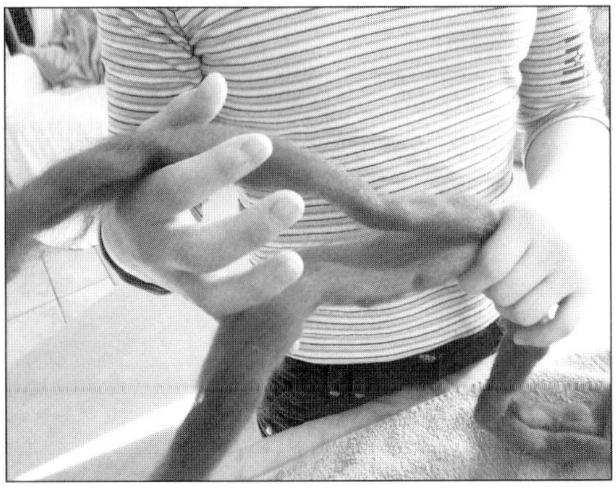

So geht es:

1. Einen dünnen Wollstrang (ca. 1/4 einer Strangdicke) in verschiedenen Farben bereitlegen. Bei vielen Wolllieferanten gibt es dünne Stränge in schönen Regenbogenfarben zu kaufen.

2. Wenn man ein geschlossenes Band haben möchte, muss man die Wollfasern am Ende der Stränge wie einen Fächer auseinander ziehen und die Fasern der nächsten Farbe gebündelt in den ersten Strang einlegen. Den Übergang zwischen den Fingern leicht zwirbeln, bis eine lockere Verbindung entsteht.

3. Nun vorsichtig zunächst nur den Übergang in die Seifenlauge tauchen und anfilzen. Dabei sehr behutsam vorgehen, da die Verbindungsstellen noch leicht aufgehen können. Bei Zapfen (Haarschmuck) ca. 15 cm lange Wollstücke abzupfen und mittig zusammenlegen.

© Verlag an der Ruhr • Postfach 10 22 51 • 45422 Mülheim an der Ruhr • www.verlagruhr.de • ISBN 3-8346-0004-0

Grundkurs Bänderfilzen

4. Sind die Verbindungsstellen angefilzt, kann das gesamte Band vorsichtig in die Filzlauge getaucht und in den Händen angefilzt werden, bis es etwas fester wird.

5. Das angefilzte Band nun mit mehr Kraft in den Händen hin und her rollen, zusammenlegen und immer gleich wieder aufmachen, bis es langsam fest wird. Zwischendurch auf einem Handtuch rollen und auch wiederholt in die Filzlauge eintauchen, wenn das Band zu trocken wird.

6. Zum Schluss kommt das Walken in der Bambusmatte. Wenn du keine Bambusmatte hast, kannst du auch im Handtuch oder in den Händen walken. Das Band ist fertig, wenn sich leichte Knoten bilden und es reißfest geworden ist (vorsichtig prüfen!).
Du kannst aus Bändern und Zapfen tolle Dinge basteln. Anleitungen dazu findest du auf den Seiten 32–35.

© Verlag an der Ruhr • Postfach 10 22 51 • 45422 Mülheim an der Ruhr • www.verlagruhr.de • ISBN 3-8346-0004-0

Fotostory Bänderfilzen

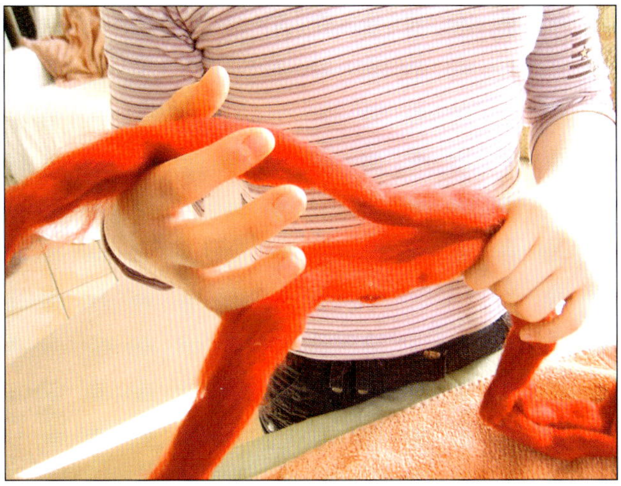

1. Wollstrang bereitlegen

2. Übergang legen

3. Übergang filzen

4. Band ganz eintauchen

5. Band filzen

6. Walken mit der Bambusmatte

© Verlag an der Ruhr • Postfach 10 22 51 • 45422 Mülheim an der Ruhr • www.verlagruhr.de • ISBN 3-8346-0004-0

Bänder für Fadenspiele

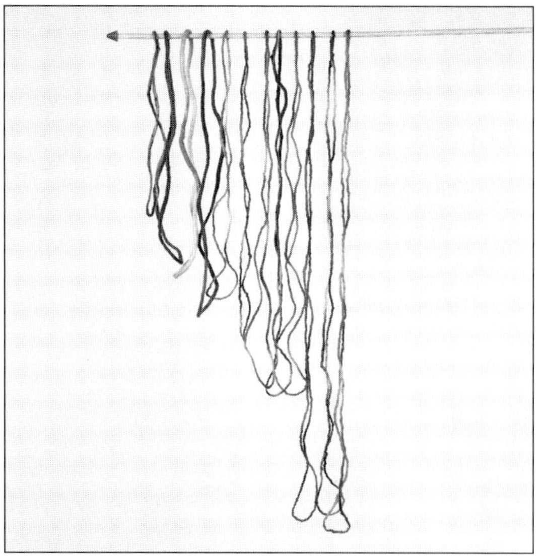

Das brauchst du:

- Filzausrüstung
- Bandwolle in zwei bis drei Farben
  oder
- einen dünnen Regenbogen-Strang

So geht es:

1. Teile die Wollstränge und lege dir die Farben, die du benutzen willst, bereit.

2. Schau dir den Grundkurs Bänderfilzen an und filze die Übergangsstellen. Auch wenn du mehrere Farben benutzt, musst du zuerst alle Übergänge gut verfilzen! Der Rest deines Bandes bleibt noch trocken.

3. Du musst dir überlegen, ob dein Band geschlossen (Endlosschnur) oder offen bleiben soll. Jetzt tauchst du alles vorsichtig ein und filzt wie im Grundkurs Bänderfilzen angegeben.

4. Lasse dein Band trocknen. Du kannst es vielseitig verwenden: als Arm- oder Haarschmuck, für Fadenspiele oder als Leine für deine Stofftiere.

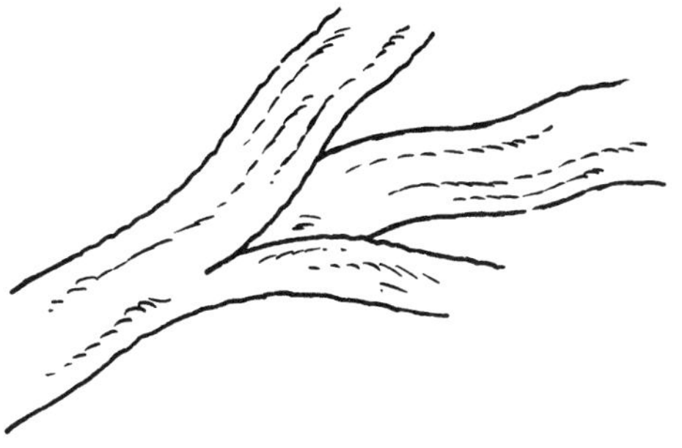

Tipp:
Eine dickere, fest gefilzte Schnur kannst du auch in kleine Scheiben zerschneiden, die du dann als Knöpfe verwenden kannst.

© Verlag an der Ruhr • Postfach 10 22 51 • 45422 Mülheim an der Ruhr • www.verlagruhr.de • ISBN 3-8346-0004-0

Haarschmuck

Das brauchst du:

- Filzausrüstung
- geteilte Bandwolle in zwei bis drei Farben
- Gummiband
- eine dicke Stopfnadel mit Spitze

So geht es:

1. Teile die Wollstränge und lege dir die Farben, die du benutzen willst, bereit.

2. Zupfe kleine Wollstücke von 15 cm Länge ab. Diese klappst du mittig zusammen.

3. Jetzt tauchst du die vorgeformten „Zapfen" vorsichtig in das warme Seifenwasser und filzt wie im Grundkurs Bänderfilzen angegeben.

4. Wenn sich die zusammengelegten Übergänge noch nicht schließen, umwickle die Zapfen dünn mit etwas Wolle und filze, bis sie halten. Filze mindestens 6–8 Zapfen, damit sich später ein schöner Kreis ergibt.

So stellst du das Haarband fertig:

5. Ordne die Zapfen in einem Kreis an, so dass die freien Enden nach außen zeigen. Zieh das Gummiband mit der Nadel durch die zusammengelegten Zapfen und verknote es.

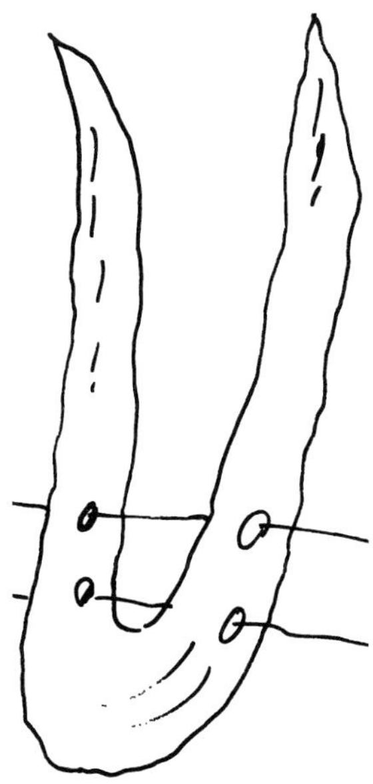

Tipp:
Benutze ein stabiles Gummiband, damit dein Haarband lange hält!

© Verlag an der Ruhr • Postfach 10 22 51 • 45422 Mülheim an der Ruhr • www.verlagruhr.de • ISBN 3-8346-0004-0

Armreifen oder Ring aus Wolle

Das brauchst du:

- Filzausrüstung
- geteilte Bandwolle in zwei bis drei Farben
- evtl. Perlen zum Besticken
- Stickgarn und Sticknadel

So geht es:

1. Teile die Wollstränge und lege dir die Farben, die du benutzen willst, bereit. Zupfe 2 Wollstränge von 30 cm Länge ab. Für einen Ring brauchst du nur 10 cm. Lege sie übereinander zu einem Kreis zusammen.

2. Jetzt legst du kleine „Flöckchen“ derselben Farbe über die Kreise, damit diese sich beim Filzen gut verbinden können. Streiche die Flöckchen vor dem Filzen gut fest. Benutze etwas „Wollkleber“, damit die aufgefilzten Wollflocken sich gut mit dem Untergrund verbinden können.

3. Filze nun wie im Grundkurs Bänderfilzen angegeben.

4. Ist dein Reifen oder Ring fester geworden, kannst du ihn in der Bambusmatte walken, bis du ihn gut über die Hand oder den Finger bekommst.

Achtung! Aufpassen, manchmal wird der Reifen schnell zu klein!

Tipp:
Wenn du magst, kannst du ihn auch mit Perlen besticken! Macht euch doch Freundschaftsbänder!

© Verlag an der Ruhr • Postfach 10 22 51 • 45422 Mülheim an der Ruhr • www.verlagruhr.de • ISBN 3-8346-0004-0

Zisch ... die Schlange

Das brauchst du:

- Filzausrüstung
- dünne Stränge von Bandwolle (grün, violett, gelb, blau)
- 2–3 Pfeifenreiniger (Biegeplüsch)
- 2 Perlen für die Augen
- evtl. etwas rosa Filz für eine Zunge
- Stickgarn und Sticknadel

So geht es:

1. Leg dir die Bandwolle, die du benutzen willst, bereit. Verdrehe die Enden von zwei bis drei Pfeifenreinigern miteinander.

2. Jetzt umwickelst du die miteinander verbundenen Pfeifenreiniger eng mit wenig Bandwolle. Streiche sie vor dem Filzen gut fest. Am Kopf der Schlange musst du mehr Wolle umwickeln als am Schwanz. Wichtig ist, dass du beim Umwickeln sehr sorgfältig bist und nicht zu viel Wolle auf einmal benutzt.

3. Nun filzt du deine Schlange vorsichtig wie im Grundkurs Bänderfilzen angegeben. Wenn deine Schlange dicker werden soll, musst du sie mit weiterer Wolle umwickeln und filzen, bis sie kräftig genug aussieht. Walke sie in der Bambusmatte fertig und trockne sie.

So wird deine Schlange fertig:

4. Nähe zwei kleine schwarze Perlen als Augen fest. Wenn du willst, kannst du ihr aus fertigem rosa Filz auch noch eine kleine Zunge ausschneiden und annähen.

Tipp:
Baut doch mal ein Terrarium mit Steinen für alle Schlangen der Klasse!

© Verlag an der Ruhr • Postfach 10 22 51 • 45422 Mülheim an der Ruhr • www.verlagruhr.de • ISBN 3-8346-0004-0

Grundkurs Flächenfilzen

Flächenfilzen

Aus Wolle kann man durch das Flächenfilzen einen „Stoff" herstellen oder ein Wollbild „malen". Dazu solltest du schon einige Erfahrungen im Filzen haben. Neben der bekannten Filzausrüstung brauchst du ein Stück Fliegengitter und eine Bambusmatte. Für den Hintergrund eines Bildes eignet sich helle Vlieswolle, zum Auffilzen eines Musters lässt sich auch Bandwolle gut verwenden. Bei kleinen „Filz-Stoffen", aus denen Anhänger ausgeschnitten werden sollen, ist Bandwolle am besten geeignet, weil sie feiner verfilzt.

So geht es:

1. Überlege dir, welche Wollfarben du für dein Bild oder Muster benötigst und lege alles bereit. Für kleine „Stoffe" aus Filz benutzt du gleichfarbige Wolle, die du in 3 Portionen (3 Schichten) einteilst.

2. Die erste Schicht deiner Wolle legst du in kleinen Portionen dachziegelartig und dünn auf deinem Fliegengitter aus. Die Wollfasern liegen in einer Richtung. Die zweite Schicht legst du quer zur ersten, die dritte Schicht wieder quer zur zweiten. Auf diese Weise legst du drei Schichten übereinander.

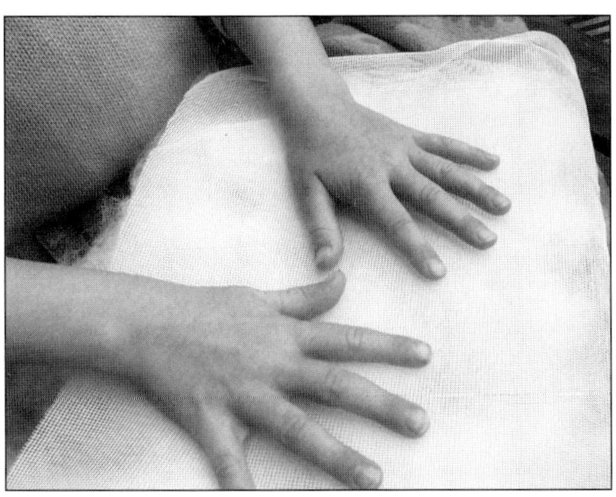

3. Nun deckst du die ausgelegte Wolle vorsichtig mit einem Fliegengitter ab, damit sich die Wolle nicht verschieben kann. Du befeuchtest das Ganze mit warmem Seifenwasser, bis die Wolle gut durchnässt ist. Drücke die Wolle erst vorsichtig an und filze sie dann mit kleinen kreisenden Bewegungen durch das Fliegengitter an. Das kann ein wenig in den Händen kribbeln!

© Verlag an der Ruhr • Postfach 10 22 51 • 45422 Mülheim an der Ruhr • www.verlagruhr.de • ISBN 3-8346-0004-0

Grundkurs Flächenfilzen

4. Nimm das Fliegengitter ab. Nun legst du mit trockenen Fingern ein Bild oder Muster aus bunter Schmuckwolle auf deine Wollunterlage. Drücke die Fasern leicht mit den Fingerspitzen an.

5. Lege das Fliegengitter wieder auf dein Bild, verteile warmes Seifenwasser darüber und drücke die Wolle wieder vorsichtig an. Reibe dann stärker mit kreisenden Bewegungen durch das Fliegengitter, bis die farbige Wolle sich mit dem Untergrund verbindet.
Schau dir den Fortschritt hin und wieder an. Nimm dafür das Fliegengitter hoch.

6. Je länger und kräftiger gedrückt und gerieben wird, desto mehr verfestigt sich das Bild und es wird kleiner. Fühlt der Filz sich fest an, beginnt das Walken in der Bambusmatte. Entferne dafür das Fliegengitter und walke in alle Richtungen. Drehe dabei das Filzstück immer wieder, damit es gleichmäßig schrumpft.

Aus einem fertigen Filz lassen sich zum Beispiel lustige Anhänger (Seiten 41–45) herstellen.

© Verlag an der Ruhr • Postfach 10 22 51 • 45422 Mülheim an der Ruhr • www.verlagruhr.de • ISBN 3-8346-0004-0

Fotostory Flächenfilzen

1. Wolle bereitlegen

2. Wolle schichtweise auflegen

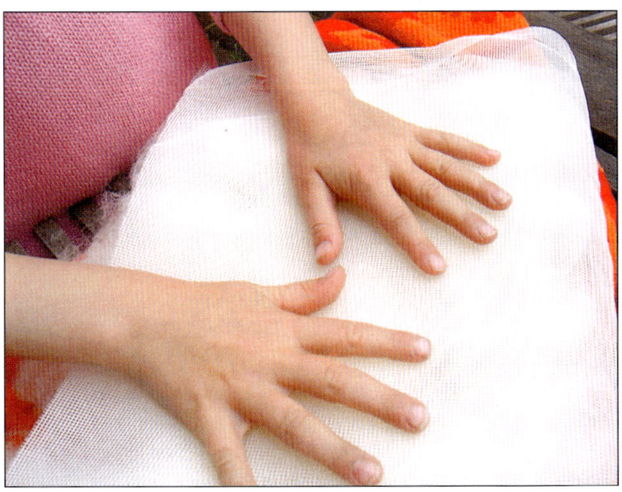

3. Fliegengitter darüberlegen

4. Schmuckwolle auflegen

5. Filzen

6. Walken in der Bambusmatte

© Verlag an der Ruhr • Postfach 10 22 51 • 45422 Mülheim an der Ruhr • www.verlagruhr.de • ISBN 3-8346-0004-0

Schöne Bilder
– „Malen" mit Wolle

Flächenfilzen

Aus Wolle kannst du dir auch einen „Stoff" herstellen oder schöne Bilder zaubern.

Das brauchst du:

- Filzausrüstung
- Grundwolle und Schmuckwolle
- Fliegengitter
- Bambusmatte

So geht es:

1. Filze zunächst wie im Grundkurs Flächenfilzen angegeben einen Hintergrund für dein Bild.

2. Lege nun mit trockenen Fingern ein Bild aus bunter Schmuckwolle auf die Wollunterlage und filze es an. Feuchte mit warmem Seifenwasser nach und schaue dir den Fortschritt unter dem Fliegengitter an. Beginnt die Oberfläche sich zu schließen, kannst du kräftiger drücken und bald auch reiben. Je länger und kräftiger du reibst, desto mehr verfestigt sich das Bild und wird kleiner.

3. Wenn sich keine Fasern mehr lösen können, nimm das Fliegengitter weg und walke das ganze Bild gleichmäßig in alle Richtungen. Spüle das fertige Bild gut aus und trockne es.

Tipp:
Jeder „malt" ein Schafbild – dann habt ihr eine ganze Herde zusammen!

© Verlag an der Ruhr • Postfach 10 22 51 • 45422 Mülheim an der Ruhr • www.verlagruhr.de • ISBN 3-8346-0004-0

Happy birthday!

Das brauchst du:

- Filzausrüstung
- Restwolle
- Passepartout-Karten
- eine scharfe Schere
- festen Klebstoff
- Verzierung

So geht es:

1. Stelle einen hauchdünnen Filz (nur zwei dünne Lagen) nach dem Grundkurs Flächenfilzen her, spüle ihn aus und lasse ihn trocknen. Mit diesem Filz kannst du mehrere Karten herstellen.

2. Lege deinen trockenen Filz vor dem Ausschneiden in eine Passepartout-Karte hinein und halte sie gegen das Licht – so kannst du am besten sehen, welcher Ausschnitt gut aussieht! Schneide den Filz so zu, dass er größer ist als die Öffnung deiner Passepartout-Karte. 1 cm auf allen Seiten genügt dafür.

3. Klebe den Filz von hinten in die Karte. Benutze nur wenig Klebstoff, damit die Ränder der Karte nicht verklebt werden.

4. Zum Schluss kannst du deine Karte noch mit Glitzersternchen oder Silberdraht verzieren. Die Schmuckkarte kannst du beschriften und zum Geburtstag oder zu anderen Festen verschenken.

Tipp:
Je dünner und bunter du gefilzt hast, desto schöner sieht es nachher aus. Dafür kannst du gut deine Wollreste verwenden!

© Verlag an der Ruhr • Postfach 10 22 51 • 45422 Mülheim an der Ruhr • www.verlagruhr.de • ISBN 3-8346-0004-0

Herbstblätter

Das brauchst du:

- Filzausrüstung
- Vlieswolle in Herbstfarben
- grünes Stickgarn
- Stecknadeln und eine scharfe Schere
- Schablone Herbstblätter (Anhang)
- Glasperlen
- Stickgarn und Sticknadel

Hurra, der Herbst ist da …

So geht es:

1. Stelle einen dünnen Filz (drei Lagen) nach dem Grundkurs Flächenfilzen her, spüle ihn aus und lasse ihn trocknen.

2. Lege eine Schablone der Herbstblätter aus dem Anhang auf deinen Filz, stecke sie mit Stecknadeln fest und schneide die Form mit einer scharfen Schere aus.

3. Die Schnittflächen kannst du mit Schmierseife (Wollkleber) leicht zufilzen.

4. Wenn du deine Blätter ausgeschnitten hast, kannst du Blattadern mit grünem Stickgarn aufsticken, damit die Blätter noch echter aussehen. Du kannst auch einige winzige Glasperlen als Tautropfen aufsticken.

Tipp:
Du kannst verschiedene Filzblätter in ein Fenster hängen – das sieht sehr schön aus!

© Verlag an der Ruhr • Postfach 10 22 51 • 45422 Mülheim an der Ruhr • www.verlagruhr.de • ISBN 3-8346-0004-0

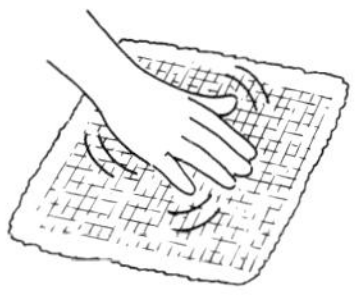

Tannenbaum

Flächenfilzen

Das brauchst du:

- Filzausrüstung
- dunkelgrüne Vlieswolle
- Schablone Tannenbaum (Anhang)
- Stecknadeln und eine scharfe Schere
- kleine farbige Perlen
- Goldfaden und Nadel
- Lochsterne

Bald nun ist Weihnachtszeit ...

So geht es:

1. Stelle einen dünnen Filz (drei Lagen) nach dem Grundkurs Flächenfilzen her, spüle ihn aus und lasse ihn trocknen.

2. Lege die Schablone vom Tannenbaum auf deinen Filz, stecke sie mit Stecknadeln fest und schneide die Form mit einer scharfen Schere aus. Die Schnittflächen kannst du mit Schmierseife (Wollkleber) leicht zufilzen.

So „schmückst“ du deinen Tannenbaum:

3. Nun nähst du die Perlen mit goldenem oder silbernem Stickgarn auf beiden Seiten auf. An die Spitze deines Tannenbaums kannst du einen Lochstern aufnähen.

4. Lasse zum Schluss zwei Fäden zum Aufhängen oben herauskommen.

> **Tipp:**
> Mische in deinen Flächenfilz auch ein bisschen helles Grün – das gibt hübsche Effekte!

© Verlag an der Ruhr • Postfach 10 22 51 • 45422 Mülheim an der Ruhr • www.verlagruhr.de • ISBN 3-8346-0004-0

Nikolausstiefel

Das brauchst du:

- Filzausrüstung
- rote Vlieswolle
- Schablone Nikolausstiefel (Anhang)
- Stecknadeln und eine scharfe Schere
- etwas weiße Bandwolle
- Goldfaden und Nadel

Bald ist Nikolausabend da ...

So geht es:

1. Stelle einen dünnen roten Filz (drei Lagen) nach dem Grundkurs Flächenfilzen her, spüle ihn aus und lasse ihn trocknen.

2. Lege die Schablone vom Nikolausstiefel auf deinen Filz, stecke sie mit Stecknadeln fest und schneide die Form mit einer scharfen Schere aus. Die Schnittflächen kannst du mit Schmierseife (Wollkleber) leicht zufilzen.

3. Du wickelst etwas weiße Wolle um den Schaft des Stiefelchens und streichst die Wolle nur ein wenig fest.

4. Oben nähst du mit einem Goldfaden die Aufhängung fest und verknotest sie.

Tipp:
Viele rote Stiefelchen in einem grünen Tannenstrauß laden den Nikolaus zu dir nach Hause ein!

© Verlag an der Ruhr • Postfach 10 22 51 • 45422 Mülheim an der Ruhr • www.verlagruhr.de • ISBN 3-8346-0004-0

Engel

Das brauchst du:

- Filzausrüstung
- weiße Wolle
- Schablone Engel (Anhang)
- Stecknadeln und eine scharfe Schere
- Goldfaden und Nadel
- einen kleinen Glitzerstern mit Loch

So geht es:

1. Stelle einen dünnen Filz (drei Lagen) nach dem Grundkurs Flächenfilzen her, spüle ihn aus und lasse ihn trocknen.

2. Lege die Schablone des Engels auf deinen Filz, stecke sie mit Stecknadeln fest und schneide die Form mit einer scharfen Schere aus. Die Schnittflächen kannst du mit Schmierseife (Wollkleber) leicht zufilzen.

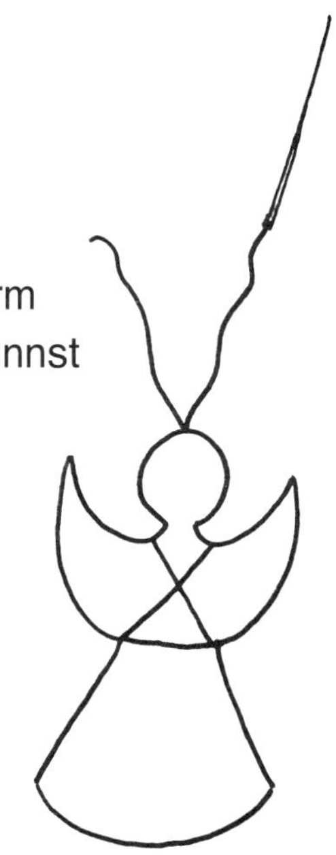

3. Fädele einen Goldfaden in eine Nadel mit Spitze und stich am Kopf des Engels ein. Lasse gleich einen Faden für die Aufhängung hängen. Mit dem anderen Faden kommst du seitlich (an der Taille) heraus und führst den Faden wie einen Gürtel um den Engel herum. Nähe den Gürtel an der einen Seite fest. Befestige den Faden kreuzweise über der Brust. Mit dem Fadenende kommst du am Kopf des Engels wieder heraus.

4. Nimm den Lochstern auf die Nadel auf und knote ihn über dem Kopf fest.

Tipp:
Besonders schön sieht es aus, wenn man ganz dünne Goldfäden aus dem Handarbeitsgeschäft verwendet.

© Verlag an der Ruhr • Postfach 10 22 51 • 45422 Mülheim an der Ruhr • www.verlagruhr.de • ISBN 3-8346-0004-0

Blütenträume

Das brauchst du:

- Filzausrüstung
- Schmuckwolle in verschiedenen Farbtönen (ca. 3 g)
- wenig schwarze und grüne Schmuckwolle
- ein Rundholz, zum Beispiel einen Kochlöffel

So geht es:

1. Lege eine Fläche von ca. 15 x 15 cm in einer beliebigen Grundfarbe aus. Lege Strahlen in einer passenden Farbe sternförmig auf.

2. Forme aus ein wenig schwarzer Wolle einen kleinen Kreis und lege ihn auf die Mitte. Auf die Unterseite musst du einen grünen Punkt legen.

3. Filze nun nach dem Grundkurs Flächenfilzen. Wenn das Filzstück fest geworden ist, kannst du es aus dem Gitter herausnehmen und mit beiden Händen am Rand in eine runde Form drücken.

4. Walke nun einige Male in der Bambusmatte. Du musst dabei gleichmäßig drehen.

5. Drücke das Rundholz in den schwarzen Punkt. Dabei legt sich die Blüte rundherum in Falten. Rolle die Blüte auf dem Rundholz mehrmals zwischen deinen Händen. Entferne das Rundholz und zupfe die Blüte in Form.

Tipp:
Nach dem Ausspülen kannst du die Blüte an einer Sicherheitsnadel zum Trocknen aufhängen.

© Verlag an der Ruhr • Postfach 10 22 51 • 45422 Mülheim an der Ruhr • www.verlagruhr.de • ISBN 3-8346-0004-0

Grundkurs Rundumfilzen

Um eine Hohlform wie Eierwärmer oder Tasche zu filzen, wird die Technik des Rundumfilzens angewendet. Das erfordert etwas Filz-Erfahrung. Neben der bekannten Filzausrüstung brauchst du ein Stück Fliegengitter, eine Bambusmatte und eine Schablone. Gut eignet sich Vlieswolle, feiner wirken aber die Filzstücke aus Bandwolle.

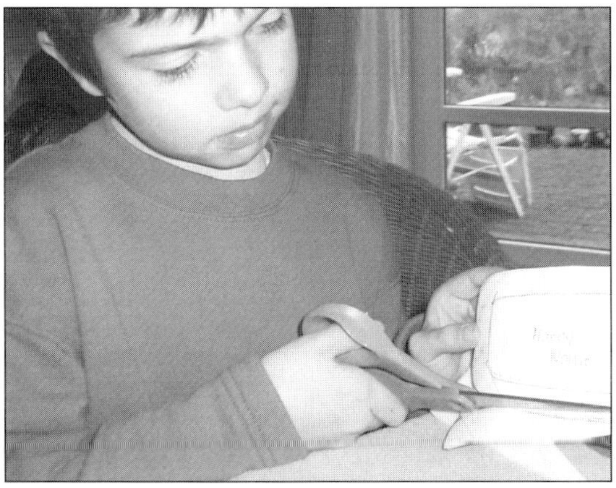

So geht es:

1. Zeichne die gewünschte Form auf ein Stück PVC auf. Vergrößere diese um ein Drittel (Schrumpfungszugabe). Schneide die Schablone aus. Im Anhang findest du verschiedene Vorlagen für Schablonen, bei denen du nicht mehr vergrößern musst!

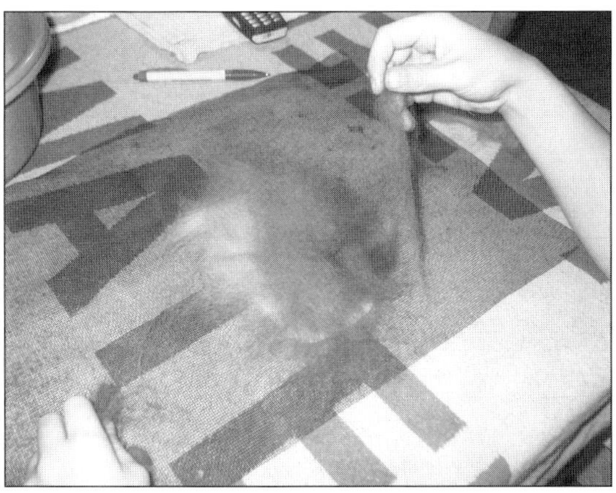

2. Nimm ein Viertel der Wolle. Belege die Schablone dachziegelartig mit kleinen Wollflöckchen. Die zweite Schicht legst du im rechten Winkel darüber, die dritte Schicht wieder wie die erste, also: senkrecht – waagerecht – senkrecht. Lasse die Wolle am Rand ein wenig überstehen.

3. Lege das Fliegengitter vorsichtig auf die Wolle, damit sie nicht verrutscht. Verteile warmes Seifenwasser darüber, bis die Wolle gut durchnässt ist. Drücke die Wolle zuerst vorsichtig an. Reibe dann immer stärker mit kreisenden Bewegungen, bis die Wollfasern sich verbinden.

© Verlag an der Ruhr • Postfach 10 22 51 • 45422 Mülheim an der Ruhr • www.verlagruhr.de • ISBN 3-8346-0004-0

Grundkurs Rundumfilzen

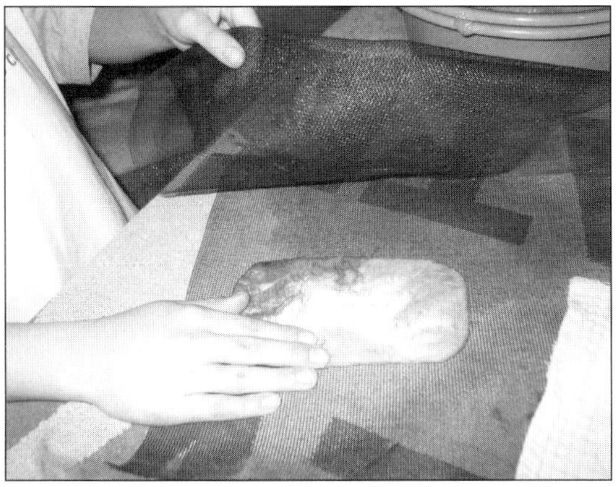

4. Nimm das Gitter ab und wende das Filzstück. Schlage den überstehenden Rand zur Mitte um und streiche ihn fest. Dabei ist es wichtig, die Ränder besonders sorgfältig zu behandeln. Lege die Wolle genau wie auf der ersten Seite aus. Lege das Gitter darüber und filze mit Lauge an. Wenn sich die Wollfasern verbunden haben, kannst du das Gitter entfernen. Wende das Filzstück. Schlage den Rand wieder um. Bearbeite beide Seiten durch das Fliegengitter hindurch.

5. Wenn sich keine Fasern mehr lösen (Filzprobe), beginnt das Walken in der Bambusmatte. Walke in alle Richtungen. Wende dabei das Filzstück immer wieder, damit es gleichmäßig nach allen Seiten hin schrumpft. Wenn das Filzstück beginnt Falten zu werfen, muss die Schablone entfernt werden.

6. Schneide nun das Filzstück an geeigneter Stelle auf. Nimm die Schablone heraus und walke weiter. Forme das Filzstück mit deinen Händen oder über einer Form fertig. Zwischendurch musst du dein Filzstück immer wieder öffnen, damit die Wolle innen nicht filzt.

© Verlag an der Ruhr • Postfach 10 22 51 • 45422 Mülheim an der Ruhr • www.verlagruhr.de • ISBN 3-8346-0004-0

Fotostory Rundumfilzen

1. Schablone anfertigen

2. Wolle auflegen

3. Wolle filzen

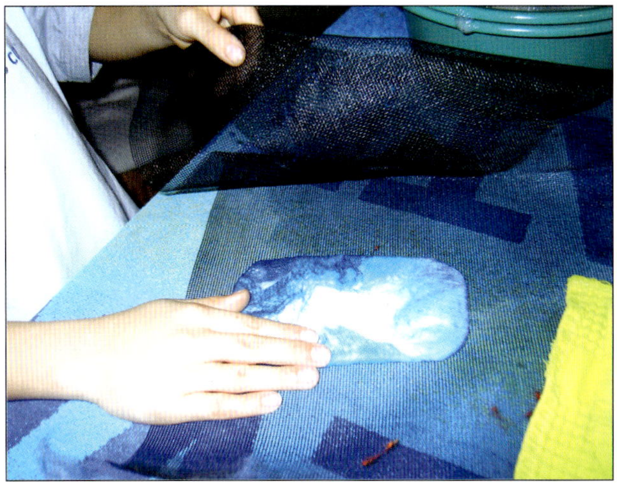

4. Filzstück wenden

5. Walken in der Bambusmatte

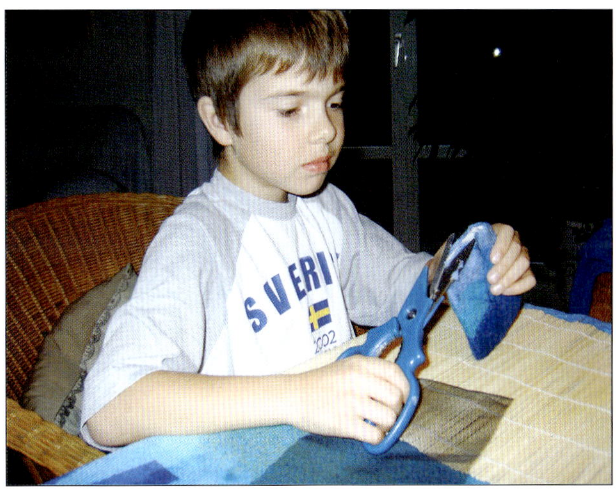

6. Filzstück aufschneiden

© Verlag an der Ruhr • Postfach 10 22 51 • 45422 Mülheim an der Ruhr • www.verlagruhr.de • ISBN 3-8346-0004-0

Flaschenschoner

Das brauchst du:

- Filzausrüstung
- Schablone Flaschenschoner (Anhang)
- PVC-Rest
- 40 g bunte Vlieswolle
- eine Flasche 0,7 l

So geht es:

1. Fertige den Schablonenschnitt mit Hilfe der Vorlage an.
2. Filze und walke nun wie im Grundkurs Rundumfilzen beschrieben. Sobald das Filzstück eng an der Schablone anliegt, schneidest du es an der markierten Stelle auf.
3. Nimm die Schablone heraus und bearbeite das Filzstück mit den Händen innen und außen weiter.
4. Nun musst du deinen Flaschenschoner über die Flasche ziehen, damit er seine endgültige Form bekommt. Bearbeite das Filzstück von allen Seiten, bis die Flasche gut hineinpasst. Lasse den Flaschenschoner nach dem Ausspülen direkt an der Flasche trocknen.

Tipp:
In den Rand kannst du ein lustiges Zackenmuster schneiden.

© Verlag an der Ruhr • Postfach 10 22 51 • 45422 Mülheim an der Ruhr • www.verlagruhr.de • ISBN 3-8346-0004-0

Handy-Tasche

Das brauchst du:

- Filzausrüstung
- PVC-Rest
- eine scharfe Schere
- Gefrierbeutel
- 15 g bunte Vlieswolle
- Perlen/Pailletten zum Verzieren
- Stickgarn und Sticknadel

So geht es:

1. Fertige den Schablonenschnitt an, indem du dein Handy auf das PVC legst, rundherum 2 cm zugibst und die Schablone ausschneidest.
2. Filze und walke nun wie im Grundkurs Rundumfilzen beschrieben. Sobald das Filzstück eng an der Schablone anliegt, schneidest du es an der markierten Stelle auf.
3. Nimm die Schablone heraus und bearbeite das Filzstück mit den Händen innen und außen weiter.
4. Nun musst du dein Handy wasserdicht verpacken (zum Beispiel in einem Gefrierbeutel) und die Tasche „anprobieren".
5. Bearbeite die Tasche so lange weiter, bis dein Handy gut hineinpasst.
6. Nach dem Ausspülen und Trocknen kannst du deine neue Handytasche noch mit Perlen oder Pailletten verzieren.

Tipp:
Schalte das Handy aus, bevor du es einfilzt – sonst telefonierst du noch aus Versehen mit Australien …

© Verlag an der Ruhr • Postfach 10 22 51 • 45422 Mülheim an der Ruhr • www.verlagruhr.de • ISBN 3-8346-0004-0

Toller Beutel
– chic und praktisch

Das brauchst du:

- Filzausrüstung
- Schablone Beutel (Anhang)
- PVC-Rest
- eine scharfe Schere
- Vlieswolle
- Perlen/Pailletten zum Verzieren
- Stickgarn und Sticknadel

So geht es:

1. Fertige den Schablonenschnitt mit Hilfe der Vorlage aus dem Anhang an.
2. Filze und walke nun wie im Grundkurs Rundumfilzen beschrieben. Sobald das Filzstück eng an der Schablone anliegt, schneidest du es an der markierten Stelle auf.
3. Nimm die Schablone heraus und bearbeite das Filzstück mit den Händen innen und außen weiter.
4. Walke so lange weiter, bis der Beutel die richtige Größe und Festigkeit hat.
5. Nun kannst du noch ein schönes Band filzen, um den Beutel zu schließen.

Tipp:
Nähe dir eine selbst gefilzte Kordel (s. Kapitel „Bänderfilzen“) an, damit du deinen Beutel umhängen kannst.

© Verlag an der Ruhr • Postfach 10 22 51 • 45422 Mülheim an der Ruhr • www.verlagruhr.de • ISBN 3-8346-0004-0

Zwerge wärmen das Frühstücks-Ei

Rundumfilzen

Das brauchst du:

- Filzausrüstung
- Schablone Eierwärmer (Anhang)
- PVC-Rest
- eine scharfe Schere
- 5–10 g Schmuckwolle, je nach Größe
- Rest Vlieswolle in Hautfarbe
- Filznadel
- Perlen für die Augen
- Nähgarn und Nähnadel

So geht es:

1. Fertige den Schablonenschnitt mit Hilfe der Vorlage aus dem Anhang an.

2. Filze und walke nun wie im Grundkurs Rundumfilzen beschrieben. Sobald das Filzstück eng an der Schablone anliegt, schneidest du es an der markierten Stelle auf.

3. Nimm die Schablone heraus und bearbeite das Filzstück mit den Händen innen und außen weiter.

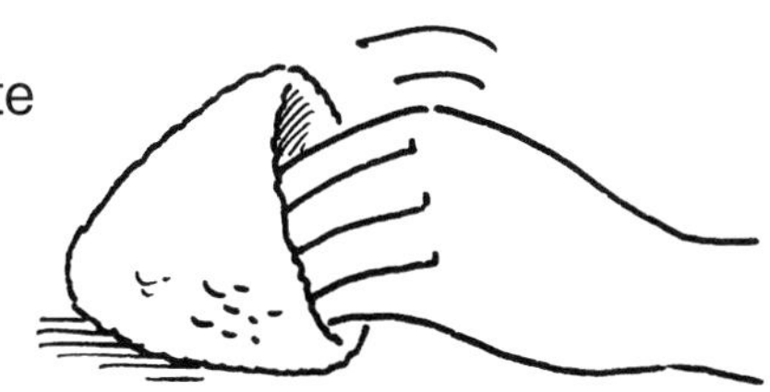

Achtung: Der Zwerg schrumpft sehr schnell!

4. Filze Gesicht, Nase und Bart mit der Filznadel auf (schaue im Grundkurs Nadelfilzen nach), sobald der Zwerg trocken ist. Lasse dir dabei helfen! Nähe Perlen für die Augen auf.

> **Tipp:**
> Die Zipfelmütze kannst du mit etwas Wolle ausstopfen.

© Verlag an der Ruhr • Postfach 10 22 51 • 45422 Mülheim an der Ruhr • www.verlagruhr.de • ISBN 3-8346-0004-0

Mäh, das kleine Steinschaf

Das brauchst du:

- Filzausrüstung
- einen glatten, ovalen Stein
- Vlieswolle in verschiedenen Grautönen
- farblich passenden Plattenfilz für die Ohren
- Nadel und Nähgarn
- Perlen für die Augen

So geht es:

1. Wickele den Stein gut in die graue Vlieswolle ein. Streiche die Wolle etwas fest und filze sie vorsichtig an wie im Grundkurs Rundumfilzen beschrieben.

2. Filze eventuell weitere Woll-Lagen auf, bis vom Stein nichts mehr zu sehen ist.

3. Forme einen ovalen Kopf (schaue im Grundkurs Kugelfilzen nach) und nähe ihn an den Schafskörper.

4. Schneide Ohren aus vorgefertigtem Filz aus und nähe sie an.

5. Nähe schwarze Perlen als Augen auf.

Achtung: Das Schaf wird rund um einen Stein gefilzt – das Filzstück wird **nicht** aufgeschnitten!

Tipp:
Am besten filzt du gleich eine ganze Schafherde!

© Verlag an der Ruhr • Postfach 10 22 51 • 45422 Mülheim an der Ruhr • www.verlagruhr.de • ISBN 3-8346-0004-0

Grundkurs Nadelfilzen

Nadelfilzen

Für das Nadelfilzen braucht man kein Seifenwasser – man filzt trocken. Diese Technik eignet sich sehr gut, um kleinere Verzierungen aufzufilzen oder Teile aneinander zu filzen. Aber auch ganze Figuren kann man mit etwas Übung sehr schön mit der Nadel modellieren.

Man benötigt eine Filznadel, Vlieswolle, einen Schwamm oder ein Stück Schaumstoff (mind. 4 cm hoch) und ein kleines Holzbrett (zum Beispiel Frühstücksbrett) als Unterlage. Man kann auch auf Styroporunterlagen (zum Beispiel Kugeln) arbeiten und diese sogar umfilzen.

So geht es:

1. Forme die benötigte Menge Vlieswolle in der Hand vor, zum Beispiel zu einer Kugel oder einem Oval.

2. Lege die Kugel auf deine Schaumstoff-Unterlage und steche so lange mit der Filznadel von allen Seiten vorsichtig immer senkrecht hinein, bis sie schön rund und fest ist.

Achtung:
Wenn man auf einer Schaumstoff-Unterlage arbeitet, ist es sehr wichtig, das Filzstück immer wieder abzulösen, damit es nicht auf der Unterlage festfilzt.

© Verlag an der Ruhr • Postfach 10 22 51 • 45422 Mülheim an der Ruhr • www.verlagruhr.de • ISBN 3-8346-0004-0

Grundkurs Nadelfilzen

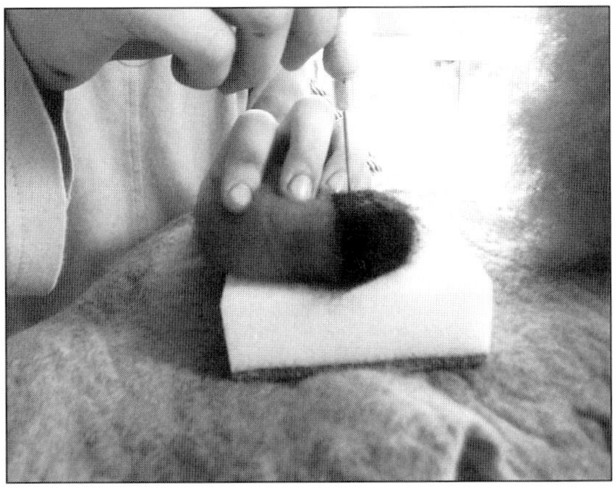

3. Für ein Tier können nun zum Beispiel eine kleinere Kugel als Kopf und Rollen als Arme und Beine gearbeitet und angenadelt werden. Dafür sowohl in die Rolle als auch in die Kugel so oft einstechen bis das anzufilzende Teil fest sitzt. Oder du kannst wie im Bild den Kopf in einer andersfarbigen Wolle auffilzen.

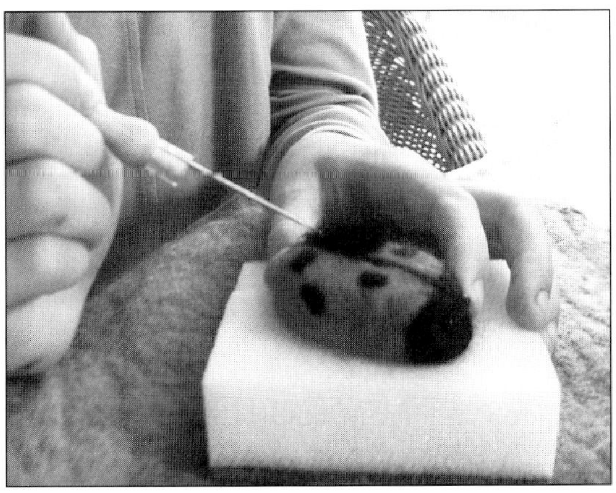

4. Auch Ohren, Nase und Haare können so aufgefilzt werden. Dazu sticht man an der Stelle, an der sich beide Teile verbinden sollen, mehrfach ein. Man sticht so lange mit der Filznadel ein, bis das Filzstück schön fest geworden ist.

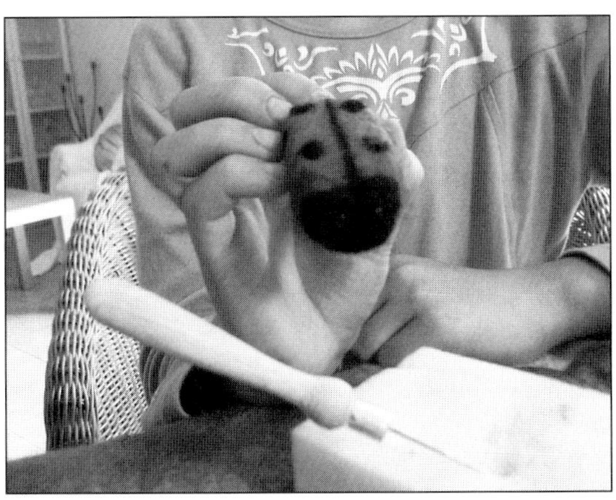

5. Als Augen für Tiere können Perlen aufgenäht werden.

Achtung!
Das Filzen mit der Filznadel ist sehr gefährlich! Mit der spitzen Nadel kann man sich schnell verletzen! Bitte nur unter Aufsicht Erwachsener und nur in kleinen Gruppen filzen. Immer mit Unterlage und nie in der Hand filzen!

© Verlag an der Ruhr • Postfach 10 22 51 • 45422 Mülheim an der Ruhr • www.verlagruhr.de • ISBN 3-8346-0004-0

Fotostory Nadelfilzen

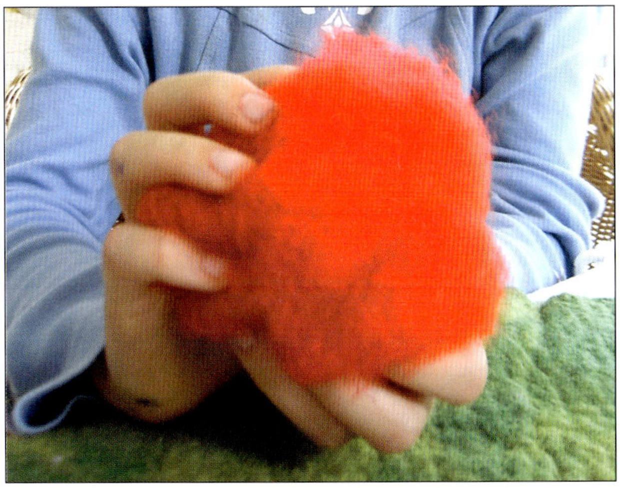

1. Wolle vorformen

2. Filzstück nadeln

3. Kopf auffilzen

4. Punkte auffilzen

5. Filzstück festnadeln

© Verlag an der Ruhr • Postfach 10 22 51 • 45422 Mülheim an der Ruhr • www.verlagruhr.de • ISBN 3-8346-0004-0

Krabbelkäfer

Das brauchst du:

- Ausrüstung zum Nadelfilzen
- ca. 6 g Vlieswolle in Schwarz
- ca. 2 g Vlieswolle in Rot
- etwas schwarze Wolle für die Punkte
- schwarze Perlen als Augen
- Nähgarn und Nähnadel

So geht es:

1. Rolle die schwarze Wolle zu einer Kugel und lege sie auf die Unterlage. Filze nach dem Grundkurs Nadelfilzen eine Halbkugel als Körper. Entsteht auf der platten Unterseite ein Loch, kannst du etwas Wolle darüber legen und annadeln.

2. Sobald die schwarze Halbkugel sich kaum noch eindrücken lässt, kannst du die rote Wolle auffilzen. Lasse den Kopf schwarz.

3. Für den Streifen zwischen den Flügeln musst du einen dünnen schwarzen Wollstrang zwischen den Fingern zwirbeln und in der Mitte aufnadeln. Für die Punkte formst du ganz wenig schwarze Wolle zu kleinen Kügelchen und nadelst sie vorsichtig auf.

4. Nähe die kleinen schwarzen Perlen als Augen auf.

Tipp:
Wie wär's mit einer kleinen Käfer-Familie? Du kannst die Käfer auch auf ein selbst gefilztes Blatt setzen.

© Verlag an der Ruhr • Postfach 10 22 51 • 45422 Mülheim an der Ruhr • www.verlagruhr.de • ISBN 3-8346-0004-0

Igor Igel

Das brauchst du:

- Ausrüstung zum Nadelfilzen
- ca. 6 g Vlieswolle in Beige
- ca. 2 g Vlieswolle in Braun
- etwas schwarze Wolle für die Nase
- schwarze Perlen als Augen
- Nähgarn und Nähnadel

So geht es:

1. Rolle die beigefarbene Wolle zu einer Kugel und lege sie auf die Unterlage. Filze nach dem Grundkurs Nadelfilzen eine eiförmige Igelform. Entsteht auf der platten Unterseite ein Loch, kannst du etwas Wolle darüber legen und annadeln.

2. Arbeite an einer Seite die spitze Igelschnauze heraus, indem du hier gezielt rundherum mit der Nadel einstichst.

3. Sobald die beigefarbene Halbkugel sich kaum noch eindrücken lässt, kannst du die braune Wolle auffilzen. Lasse den Kopf beigefarben.

4. Für die Nase formst du ganz wenig schwarze Wolle zu einem kleinen Kügelchen und nadelst sie vorsichtig auf. Nähe die kleinen schwarzen Perlen als Augen auf.

Tipp:
Zwischen ein paar gefilzten Blättern fühlt sich der Igel bestimmt wohl.

© Verlag an der Ruhr • Postfach 10 22 51 • 45422 Mülheim an der Ruhr • www.verlagruhr.de • ISBN 3-8346-0004-0

Häschen hüpf

Das brauchst du:

- Ausrüstung zum Nadelfilzen
- ca. 15 g Vlieswolle in Braun
- etwas weiße und dunkelbraune Wolle
- schwarze Perlen für die Augen
- Nähgarn und Nähnadel

So geht es:

1. Teile die braune Wolle in drei Häufchen. Filze nach dem Grundkurs Nadelfilzen aus dem ersten Haufen eine eiförmige Kugel als Körper. Lege vom zweiten Häufchen etwas Wolle für die Ohren beiseite. Filze aus dem Rest den Kopf. Verbinde dann Kopf und Körper mit gezielten Nadelstichen.

2. Für ein Ohr legst du eine etwas längere Wollschlaufe und nadelst eine längliche Form. Wenn es zu dünn ist, kannst du weitere Wollflöckchen aufnadeln. Arbeite das zweite Ohr genauso. Bringe auf der Innenseite der Ohren etwas weiße Wolle an. Nun kannst du die Ohren an der Oberseite des Kopfes festnadeln.

3. Wenn du möchtest, forme aus dem letzten Wollhäufchen vier gleiche Rollen und filze sie zu Armen und Beinen. Filze die Arme seitlich und die Beine nach vorne gerichtet an den Körper, damit dein Hase sitzen kann.

4. Für die Augen nähst du Perlen auf, die Schnauze nadelst du mit etwas dunkelbrauner Wolle auf.

Tipp:
Mit einigen gefilzten Ostereiern zwischen den Pfoten wird aus deinem Häschen ein richtiger Osterhase.

© Verlag an der Ruhr • Postfach 10 22 51 • 45422 Mülheim an der Ruhr • www.verlagruhr.de • ISBN 3-8346-0004-0

Der lustige Clownfisch

Das brauchst du:

- Ausrüstung zum Nadelfilzen
- ca. 34 g Vlieswolle in Weiß
- ca. 15 g Vlieswolle in Orange
- etwas schwarze Wolle
- schwarze Perlen für die Augen
- Nähgarn und Nähnadel

So geht es:

1. Forme aus der Hälfte der weißen Wolle eine feste längliche Rolle für den Körper und lege sie auf die Unterlage.

2. Nimm von der restlichen Wolle etwas für den Kopf ab, lege sie vorne an und filze sie vorsichtig an den Körper. Sieh dir die Fischform auf dem Foto an.

3. Stich rundherum mit der Filznadel ein. Dafür den Fisch immer wieder vorsichtig anheben und von allen Seiten bearbeiten.

4. Den Rest der weißen Wolle kannst du verwenden, um deinem Fisch einen dicken Bauch oder ein größeres Maul zu machen.

5. Filze die orangefarbene Wolle entsprechend der Musterzeichnung auf.

6. Für die schwarzen Striche zwischen den weißen und orangefarbenen Streifen musst du einen dünnen schwarzen Wollstrang zwischen den Fingern zwirbeln und vorsichtig aufnadeln.

7. Filze die Flossen in den entsprechenden Farben und nadele sie an den fertigen Fisch.

8. Für die Augen musst du jeweils einen kleinen weißen Punkt auffilzen und eine schwarze Perle darauf nähen.

Tipp:
Kannst du auch die Freunde vom lustigen Clownfisch filzen?

© Verlag an der Ruhr • Postfach 10 22 51 • 45422 Mülheim an der Ruhr • www.verlagruhr.de • ISBN 3-8346-0004-0

Kleines Filz-Lexikon

Arbeitsplatz – Am besten geeignet ist ein wasserfester Tisch. Damit das Wasser nicht über den Rand läuft, kannst du aufgerollte Zeitungen mit Klebeband an den Tischkanten befestigen und eine große Plastikfolie darüber legen.

Aufbewahrung der Wolle – Auch Motten lieben Wolle! Deshalb sollte sie kühl und verschlossen aufbewahrt werden. Auch ein Anti-Mottenmittel kann vorbeugen. Gut eignen sich Lavendelblüten als Mottenschutz!

Bänderfilzen – Aus geteilter Bandwolle kann man schöne Bänder herstellen. (Grundkurs Bänderfilzen)

Bambusmatten – Brauchst du zum Walken. Man bekommt sie in Asia-Läden (dort heißen sie Sushi-Matten).

Bandwolle – Auch Kardenband genannt. Die Wollfasern sind im Vergleich zur Vlieswolle recht lang.

Filzen – Heißt der Vorgang, bei dem man warmes Seifenwasser auf kardierte Wolle gibt und diese durch gleichmäßige Bewegungen zu einem Stoff verfestigt: Die einzelnen Wollfasern verhaken sich so fest miteinander, dass sie nicht mehr auseinander gehen können.

Filzlauge – Besteht aus einem Esslöffel Schmierseife und einem Liter ca. 40° C warmem Wasser.

Filznadel – Sehr spitze Nadel mit nach unten gerichteten Widerhaken zum Auf- und Anfilzen oder auch zum Modellieren. Es gibt sie in drei verschiedenen Stärken. **Achtung:** Verletzungsgefahr!

Filzprobe – Der Filz ist dann fertig, wenn es nicht mehr gelingt, einzelne Wollfasern mit Daumen und Zeigefinger vom Filzstück abzuheben. Diesen Test nennt man Filzprobe.

Fliegengitter – Legst du beim Flächenfilzen über die Fläche, die du filzen möchtest, damit die Wollfasern nicht verrutschen. Man bekommt es zum Beispiel im Baumarkt.

Handkarden – Zwei Brettchen mit Stahlstacheln zum Kämmen von Wolle.

Handtücher – Brauchst du immer mehrere: eines zum Abtrocknen der Hände während des Filzens, die anderen zum Auffangen des Seifenwassers beim Filzen.

Kammzug – Zu einem Band gekämmte Wolle, feiner als im Kardenband.

Kardenband – Zu einem Band gekämmte Wolle, auch: Strangwolle.

© Verlag an der Ruhr • Postfach 10 22 51 • 45422 Mülheim an der Ruhr • www.verlagruhr.de • ISBN 3-8346-0004-0

Kleines Filz-Lexikon

Kardiert – Gekämmt

Kardiermaschine – Maschine mit zwei stacheligen Walzen zum Kämmen von Wolle.

Kugelfilzen – Die leichteste Form des Filzens. Aus Wolle wird in den Händen eine Kugel geformt und gefilzt (siehe Grundkurs Kugelfilzen)

Nadelfilzen – Das geschieht ohne Seifenlauge, nur mit einer Filznadel. Das Filzen mit der Nadel eignet sich wegen der Verletzungsgefahr nur für ältere Kinder (siehe Grundkurs Nadelfilzen)

Reibetechnik – Die Wolle wird in den Händen gerieben.

Rohwolle – Ungereinigte und ungewaschene Wolle direkt vom Schaf.

Rolltechnik – Die Wolle wird in einem Handtuch oder in einer Bambusmatte gerollt. Die Rolltechnik ist besonders zum Filzen größerer Flächen geeignet.

Rundumfilzen – Geeignet zum Filzen von Hohlformen. Dabei wird eine Schablone aus Kunststoff eingefilzt, um das Zusammenfilzen von zwei Wollschichten zu verhindern.

Schablonen – Brauchst du um Rundumfilzen. Man kann sie gut aus Resten von PVC-Bodenbelägen herstellen und immer wieder verwenden. Man kann auch Noppenfolien oder Getränkeverpackungen verwenden, sie sind allerdings dünner und lassen sich beim Filzen nicht so gut ertasten. Da die Wolle beim Walken einläuft, müssen die Schablonen rundherum ca. ein Drittel größer sein als das Filzobjekt.

Schafrassen – Die am häufigsten verwendete Wolle ist die des Merinoschafes. Aber auch mit gröberer Wolle von anderen Landschafrassen kannst du gut filzen. Weniger gut geeignet ist die Wolle von Fleisch- und Milchschafen.

Schmierseife – Musst du zum Filzen mit warmem Wasser mischen: ein Esslöffel Seife (am besten feste grüne Seife, zum Beispiel HAKA) auf einen Liter Wasser.

Schmuckwolle – Wolle, Kardenband oder Vlies in leuchtenden Farben.

Schrumpfung – Einen einheitlichen, exakten Wert gibt es nicht. Die Schrumpfung hängt von der Wollqualität, der Menge und der Technik ab. Mit ungefähr einem Drittel „einlaufen" solltest du aber rechnen.

Schüssel – Brauchst du, um dein Filzstück immer wieder in das warme Seifenwasser zu tauchen.

© Verlag an der Ruhr • Postfach 10 22 51 • 45422 Mülheim an der Ruhr • www.verlagruhr.de • ISBN 3-8346-0004-0

Kleines Filz-Lexikon

Vlies – Zu einer gleichmäßigen Fläche gekämmte Wolle, die einzelnen Fasern liegen darin kreuz und quer.

Walken – Ist die Fortsetzung des Filzens: Die Wolle wird kräftig bearbeitet und läuft dabei ein. So kannst du einen sehr festen Stoff herstellen.

Waschbrett – Darauf kannst du dein Filzobjekt in die richtige Form und Größe walken, das geht auch gut auf der Ablagefläche der Spüle.

Wasser – Sollte zum Filzen immer eine Temperatur von ungefähr 40° C haben, das ist handwarm. Gib ab und zu warmes Wasser dazu, damit die Temperatur immer gleich bleibt.

Wasserkocher – Kannst du zum Erhitzen des Wassers verwenden.

Wollbestellung – Wolle kannst du gut im Internet bestellen, Adressen findest du im Anhang.

Wollfasern – Haben eine Schuppenstruktur, ähnlich der deiner Haare. Beim Filzprozess „wandern" die Fasern, halten sich aneinander fest und verhaken sich miteinander.

Wollkleber – Seife pur auf die zu filzende Stelle gegeben beschleunigt den Filzprozess.

Zubehör – Eine Schüssel mit weiter Öffnung, warmes Seifenwasser, mehrere Handtücher, eventuell eine Bambusmatte und Filznadeln, ein Wäschesprenger und Schablonen.

Zupfen von Wolle – Aus Vlies- oder Kammzugwolle kannst du einzelne Fasern herauszupfen.

© Verlag an der Ruhr • Postfach 10 22 51 • 45422 Mülheim an der Ruhr • www.verlagruhr.de • ISBN 3-8346-0004-0

Schablonen

Schablonen Mäuseohren, S. 28

© Verlag an der Ruhr • Postfach 10 22 51 • 45422 Mülheim an der Ruhr • www.verlagruhr.de • ISBN 3-8346-0004-0

Schablonen

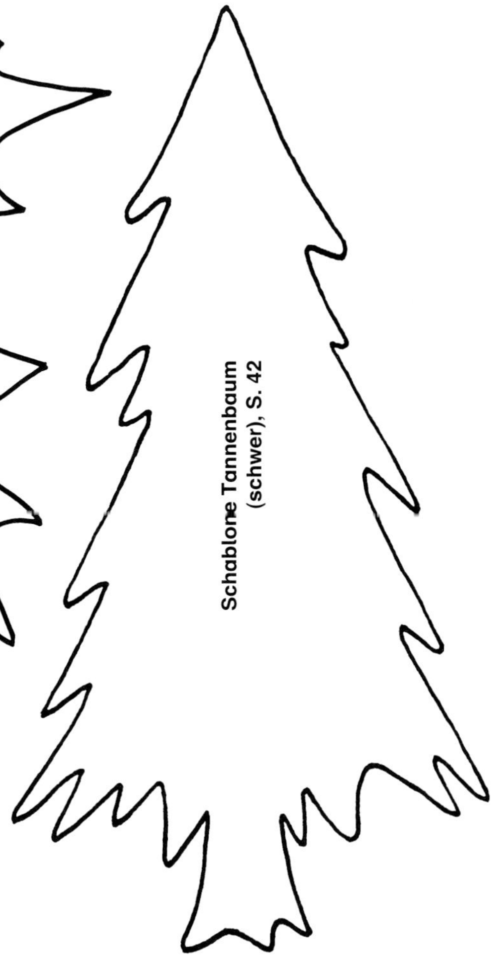

© Verlag an der Ruhr • Postfach 10 22 51 • 45422 Mülheim an der Ruhr • www.verlagruhr.de • ISBN 3-8346-0004-0

Schablonen

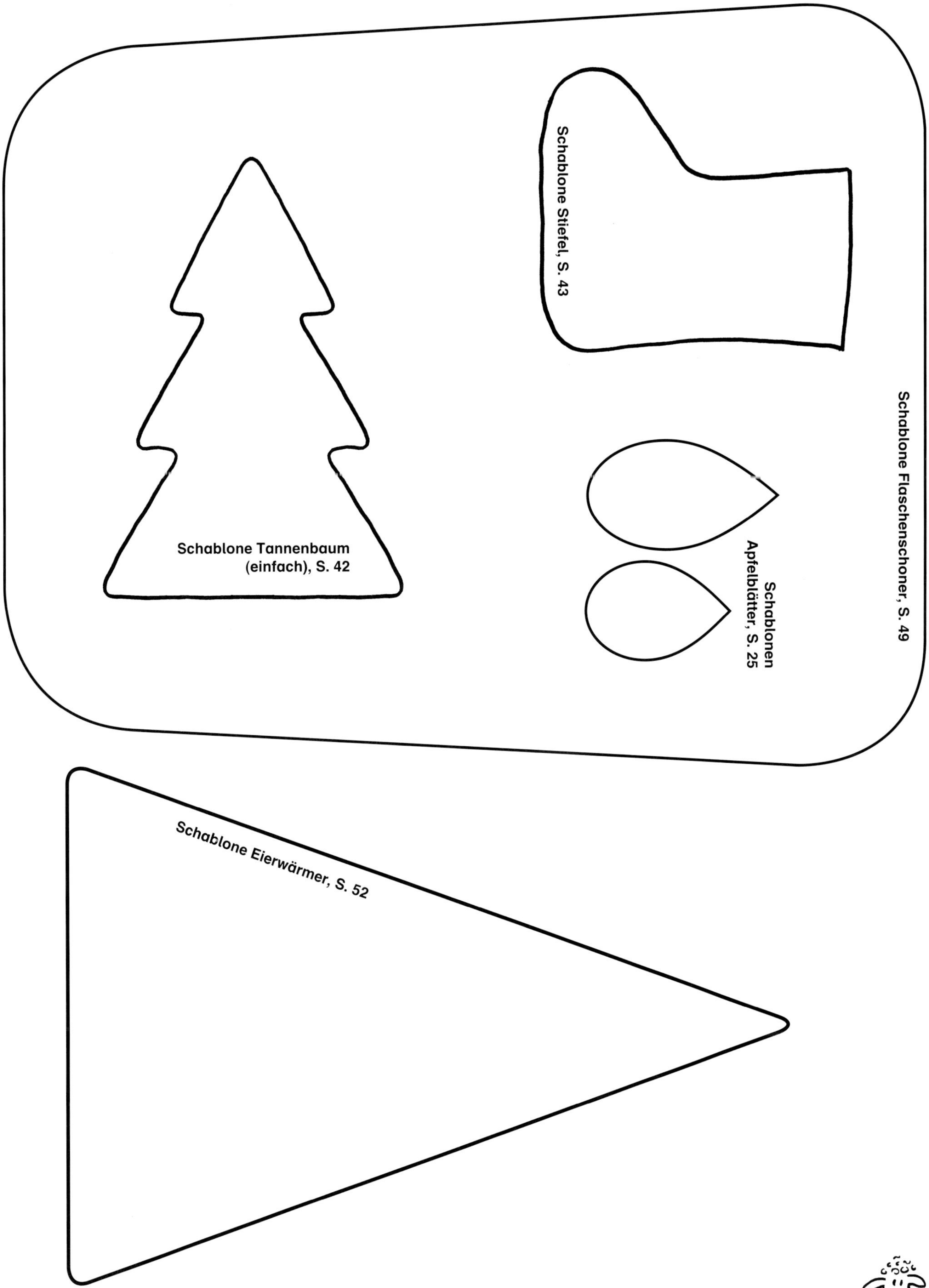

© Verlag an der Ruhr • Postfach 10 22 51 • 45422 Mülheim an der Ruhr • www.verlagruhr.de • ISBN 3-8346-0004-0

Bezugsquellen für Wolle und Filz-Zubehör

Hier gibt es tolle Wolle:

Die „Wollfabrik“
Gerd Huppertz GmbH & Co. KG
Lürriper Straße 373-393, 41065 Mönchengladbach
Tel.: 021 61/60 30 59 – Fax: 021 61/60 32 85
info@die-wollfabrik.com
www.die-wollfabrik.com

Tipp:
Als Seife eignet sich HAKA Neutralseife pastös, da sie sehr hautschonend ist.
Zu beziehen über:
HAKA Kunz GmbH
Bahnhofstraße 30–32,
71111 Waldenbuch
Tel.: 071 57/12 20
Fax: 071 57/122 144

Filzrausch
Frieder Glatzer
Hagenweg 2 b, 37081 Göttingen
Tel.: 05 51/675 15 – Fax: 05 51/504 25 08
info@filzrausch.de
www.filzrausch.de

Friedrich Traub
Schorndorfer Straße 18, 73645 Winterbach
Tel.: 071 81/709 10 – Fax: 071 81/709 11
info@traub-wolle.de
www.traub-wolle.de

Seehawer & Siebert
Naturfasern
Heuberger Hof 1, 72108 Rottenburg a.N.
Tel.: 074 72/30 19 – Fax: 074 72/242 07
info@naturfasern.com
www.naturfasern.com

Wollknoll-Wollwerkstatt
Sonja Fritz
Forsthausstraße 7, 74420 Oberrot-Neuhausen
Tel.: 079 77/91 02 93 – Fax: 079 77/91 04 88
fritz@wollknoll.de
www.wollknoll.de

Wolllust
Kerstin Quensell-Kettenburg
Am Brinkhof 9, 27356 Unterstedt
Tel.: 04269/9511100 – Fax: 042 69/9 51 11 01
info@wolllust-schurwollversand.de
www.wolllust-schurwollversand.de

Literatur und Internet

Es gibt bereits eine große Zahl an Filzbüchern für Kinder und Erwachsene – und täglich werden es mehr! Hier nur eine kleine Auswahl von Büchern, die besonders auch für Anfänger geeignet sind.

Ute u. Tilmann Michalski:
Wolli und Molli – Kinderleicht filzen mit Wolle
ars edition. 1998.
ISBN 3-76075-506

Monika u. Jürgen Fergg:
Filzen für Einsteiger
Knaur. 2002.
ISBN 3-80430-576-8

Caroline Benhöfer-Buhr:
Grundkurs Filzen
Urania. 2004.
ISBN 3-33201-550-8

Henriette Foldenauer:
Filzen kinderleicht
OZ Verlag. 2004.
ISBN 3-89858-617-0

Henriette Foldenauer:
Filzen für Kinder
OZ Verlag. 2005.
ISBN 3-89858-642-1

Henriette Foldenauer:
Filzen für die Schule
OZ Verlag. 2005.
ISBN 3-89858-604-9

Rotraud Reinhardt:
Filzen von Tieren aus aller Welt
Verlag Freies Geistesleben. 2004.
ISBN 3-77251-962-8

Weitere Literaturtipps

Christa Doll:
Zupfen, walken, formen
Werkstattheft 6: Aus Wolle wird Filz
Herder. 2003.
ISBN 3-45127-136-2

Ingrid Moras:
Nadel-Filzen
Christopherus Verlag. 2004.
ISBN 3-41956-577-1

S. Choinski und G. Krümmel:
Vom Schaf zum Pullover
Eine Werkstatt
Verlag an der Ruhr. 2002.
ISBN 3-86072-683-8

Anna Sophie Müller:
Filzen im Unterricht
Praktisches und Dekoratives aus Filz.
Verlag an der Ruhr. 2003.
ISBN 3-86072-779-6

Zeitschriften

Beate Bossert:
„VerFilzt Und ZugeNäht"(FUN)
Hügelstraße 17 – 71549 Auenwald
Tel.: 071 91/521 72
Fax: 071 91/30 20 64
www.diefilzlaus.de

Erdmute Marciniak:
„Das Lavendelschaf"
Steinbeise 33 – 73642 Welzheim
Tel.: 071 82/62 49
Fax: 071 82/495 33 70
www.lavendelschaf.de

Video

Doris Jöhle – Ruth Braunstein:
Filzen
ALS-Verlag.
http://als-verlag.de
Bestell-Nr. 29.403

Literatur und Internet

www.filzrausch.de
Seite von Frieder Glatzer – auch hier gibt es schöne Wolle und Zubehör sowie Tipps und Tricks zum Filzen.

www.wollemond.de
SUPERschöne Seite für alle FilzerInnen! Foto-Filz-Story, Filzer-Forum, Ausstellungstipps, Terminhinweise und natürlich Filzprodukte zum Bestellen.

www.lavendelschaf.de
Webseite der Zeitschrift „Das Lavendelschaf“: Natur und Schafe – Färben und Gestalten mit Wolle – eine tolle page; unbedingt unterstützenswert!

www.annettetotzauer.de
Künstlerische Filzobjekte

www.schafplanet.de
Hier dreht sich alles ums Schaf.

www.filzzauber.de
Die Seite der Autorinnen Sabine Choinski und Gabi Krümmel. Eine schöne Seite mit vielen Fotos und Informationen rund ums Filzen.

www.wollknoll.de
Seite von Sonja Fritz, wo es schöne Wolle und Zubehör zu kaufen gibt!

www.verlagruhr.de
Da sich Internetadressen schnell verändern können, finden Sie auf unserer Homepage unter dem Titel „Filzen mit Grundschulkindern“ eine stets aktualisierte Linkliste aller Internetadressen aus dieser Mappe.

Verlag an der Ruhr *Jetzt versteh' ich das!*

Elternhaus und Schule

Die 1-2-3-Methode für Eltern

Konsequent fördern und zum Lernen motivieren

2–12 J., 266 S., 16 x 23 cm, Pb.
ISBN 3-8346-0048-2
Best.-Nr. 60048
16,50 € (D)/17,– € (A)/28,90 CHF

Elternhaus und Schule

So helfe ich meinem Kind beim Lernen

Kinder zu Hause motivieren und unterstützen

6–12 J., 148 S., 16 x 23 cm, Pb.
ISBN 3-8346-0049-0
Best.-Nr. 60049
12,80 € (D)/13,15 € (A)/22,40 CHF

Tolle Ideen

Lesen üben, Lesen fördern

Kl. 1–4, 134 S., 16 x 23 cm, Pb.
ISBN 3-8346-0015-6
Best.-Nr. 60015
12,80 € (D)/13,15 € (A)/22,40 CHF

Mein Lese-Pass

Die spannende Welt der Tiere

Kl. 1–2, 74 S., A4, Papph.
ISBN 3-8346-0007-5
Best.-Nr. 60007
19,50 € (D)/20,– € (A)/34,20 CHF

So funktioniert eine Bibliothek

Erkundungen und Lernspiele

8–10 J., 59 S., A4, Heft
ISBN 3-86072-963-2
Best.-Nr. 2963
16,– € (D)/16,45 € (A)/28,– CHF

Methoden-Schule

So präsentiere ich meine Arbeitsergebnisse

Kl. 3–5, 75 S., A4, Papph.
ISBN 3-8346-0013-X
Best.-Nr. 60013
19,50 € (D)/20,– € (A)/34,20 CHF

Feng Shui im Klassenraum

Ordnung, Klarheit, Konzentration

Kl. 3–8, 160 S., 21 x 22 cm, Pb., vierfarbig
ISBN 3-8346-0020-2
Best.-Nr. 60020
19,– € (D)/19,50 € (A)/33,30 CHF

Wie das Lernen Jungen erreicht

Ein Programm zur Integration und Förderung

6–16 J., 151 S., 16 x 23 cm, Pb.
ISBN 3-86072-976-4
Best.-Nr. 2976
14,80 € (D)/15,20 € (A)/25,90 CHF

Mehr unter www.verlagruhr.de

Immer mal wieder in Englisch

Lernsituationen in allen Fächern nutzen – Eine Werkstatt

6–12 J., 136 S., 16 x 23 cm, Pb.
ISBN 3-86072-954-3
Best.-Nr. 2954
12,80 € (D)/13,15 € (A)/22,40 CHF

Sieben Geschichten zum Bewegen

Kleine Projekte für Klassenraum und Turnhalle

Kl. 2–4, 90 Seiten, Pb. und
52 Karteikarten, A5, zweifarbig
ISBN 3-8346-0012-1
Best.-Nr. 60012
19,50 € (D)/20,– € (A)/34,20 CHF

Aber ich hab doch zwei linke Hände!

Werken unterrichten für „Ungeschickte"

Kl. 2–5, 175 S., 16 x 23 cm, Pb.
ISBN 3-8346-0001-6
Best.-Nr. 60001
15,50 € (D)/15,95 € (A)/27,20 CHF

Paul Cézanne für Kinder

Eine Werkstatt

Kl. 3–4, 65 S., A4, Papph. (mit vierf. Abb.)
ISBN 3-8346-0009-1
Best.-Nr. 60009
18,50 € (D)/19,– € (A)/32,40 CHF

Informationen und Beispielseiten
unter www.verlagruhr.de
Verlag an der Ruhr • Postfach 10 22 51
45472 Mülheim an der Ruhr • Tel.: 0208/49 50 40

Jetzt versteh' ich das!

Verlag an der Ruhr

Hexen, Herbst und Halloween
Eine Werkstatt
Kl. 1–4, 54 S., A4, Papph.
ISBN 3-8346-0053-9
Best.-Nr. 60053
17,– € (D)/17,50 € (A)/29,80 CHF

Die Berufe-Werkstatt
Kl. 3–4, 76 S., A4, Papph.
ISBN 3-86072-945-4
Best.-Nr. 2945
19,– € (D)/19,50 € (A)/33,30 CHF

Die Salz-Werkstatt
Kl. 3–5, 65 S., A4, Papph.
ISBN 3-86072-946-2
Best.-Nr. 2946
18,50 € (D)/19,– € (A)/32,40 CHF

Gesunde Ernährung – Fitte Kinder
Eine Werkstatt
Kl. 3–4, 8–10 J., 73 S., A4, Papph.
ISBN 3-86072-926-8
Best.-Nr. 2926
19,50 € (D)/20,– € (A)/34,20 CHF

Mathebärchen
Von der Anschauung zum Abstrakten
Auf dem Weg zum Zahlenraum bis 10
5–6 J., 80 S., A4 quer, Ringh.
ISBN 3-86072-998-5
Best.-Nr. 2998
16,– € (D)/16,45 € (A)/28,– CHF

Mathebärchen
Von der Anschauung zum Abstrakten
Auf dem Weg zum Zahlenraum bis 20
6–7 J., 80 S., A4 quer, Ringh.
ISBN 3-86072-999-3
Best.-Nr. 2999
16,– € (D)/16,45 € (A)/28,– CHF

Das **Einsteigerpaket für 52,50 €** (2 Arbeitsmappen, Mathebärchen und Waage) **Best.-Nr. 8545**

Mathebärchen
Die Mathebärchen-Familie
4–7 J., Eimer mit 80 Kunststoff-Bärchen in vier versch. Farben, inkl. Beiheft
Best.-Nr. 8543
18,50 € (D)
Bestellung nur direkt beim Verlag.
Lieferung nur innerhalb Deutschlands möglich.

Mathebärchen
Meine erste Waage
5–10 J.
Best.-Nr. 8544
15,– € (D)
Bestellung nur direkt beim Verlag.
Lieferung nur innerhalb Deutschlands möglich.

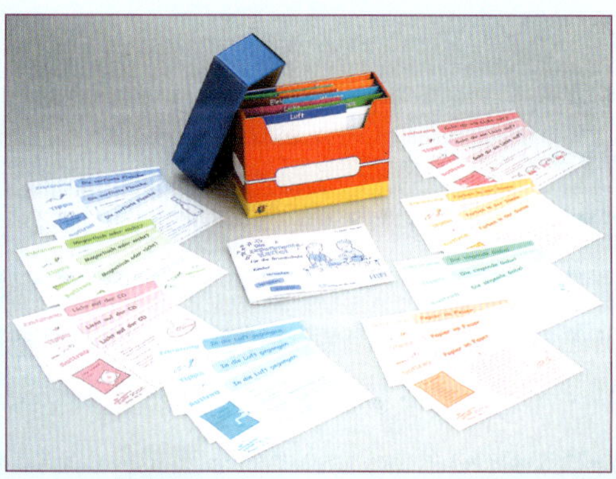

Die Experimente-Kartei für die Grundschule
Kinder versuchen, vermuten, erklären
Kl. 3–4, 213 Karteikarten A5 mit einer Box, inkl. Registerkarten und Lehrerheft
ISBN 3-86072-936-5
Best.-Nr. 2936
24,50 € (D)/25,20 € (A)/43,40 CHF

55 Fünf-Minuten-Matheübungen
Kl. 1–4, 67 S., A5, Pb.
ISBN 3-86072-940-3
Best.-Nr. 2940
8,– € (D)/8,25 € (A)/14,30 CHF

Methoden-Schule Mathematik
Sachaufgaben verstehen und lösen
Kl. 2–4, 66 S., A4, Papph.
ISBN 3-86072-958-6
Best.-Nr. 2958
18,– € (D)/18,50 € (A)/31,50 CHF

Informationen und Beispielseiten unter www.verlagruhr.de
Verlag an der Ruhr • Postfach 10 22 51
45472 Mülheim an der Ruhr • Tel.: 0208/49 50 40